발레사전
Ballet Dictionary

발레사전
ballet dictionary

초판 인쇄 2021년 7월 14일
초판 발행 2021년 7월 20일

펴낸이 진수진
펴낸곳 책에 반하다

주소 경기도 고양시 일산서구 대산로 53
출판등록 2013년 5월 30일 제2013-000078호
전화 031-911-3416
팩스 031-911-3417

※낙장 및 파본은 교환해 드립니다.
※본 도서는 무단 복제 및 전재를 법으로 금합니다.

차례
ballet dictionary

ㄱ 9	ㅇ 153
ㄴ 32	ㅈ 187
ㄷ 36	ㅊ 200
ㄹ 55	ㅋ 204
ㅁ 67	ㅌ 210
ㅂ 79	ㅍ 213
ㅅ 131	ㅎ 224

ballet dictionary

ballet dictionary

ㄱ
발레 사전

가르구이야드(garguillade)

이탈리아파와 프랑스 발레 학교에서 사용하는 용어로, 반쯤 벌린 다리로 도약 전에 작은 원들을 그리는 것을 말한다.

개구장이 발끝

바닥에 앉아 양다리를 앞으로 쭉 뻗고 등을 똑바로 세운 뒤 양손을 넙적다리 위에 올린 자세에서 발끝이 천장을 향하게 두는 자세이다.

개구장이 발끝

갤롭(galop)

갤롭의 첫 출발은 진행 방향을 향해 뛰어나가는 것이다. 앞으로, 옆으로 몸을 바꿔가며 동작할 수 있다. 이동할 때는 우선 시작하는 쪽의 다리와 발을 펴서 뻗고 뛰며, 공중에서 발로 체중을 옮긴다. 그와 동시에 뒷발을 앞발 제3포지션에 끌어 붙여 양쪽 발끝을 정확히 편다. 몸을 이동시켜도 등과 팔은 움직이지 않는다.

갤롭(galop) 1

갤롭(galop) 2

견갑대(shoulder girdle)

견갑대는 자유롭고 편안하게 움직인다. 견갑대는 견갑골과 쇄골로 구성된다. 이 2개의 뼈가 바깥쪽 가장자리에서 결합하여 마치 갑옷처럼 흉곽을 덮고 있는 것이다. 견갑대 바깥쪽에는 견관절이 있고, 거기에 견관절과 팔꿈치 사이의 뼈인 상완골이 매달려 있다. 견갑대가 자유롭게 움직인다는 것은 이 부위가 상체 다른 부분의 구속을 받지 않는 독립적인 구조로 되어 있다는 것을 의미한다.

결혼(Les Noces)

1923년 작. 이고리 스트라빈스키(Igor Stravinsky)의 음악에 브로니슬라바 니진스카(Bronislava Nijinska)가 안무를 담당한 발레 작품이다. 러시아의 전통적인 결혼 의식을 주제로 만들어졌으며, 프랑스 파리에서 디아길레프발레단에 의해 초연되었다.

고슈아(gauche, à)

'왼쪽으로'라는 뜻이다.

고전발레주의 마임(남성의 취침)

두 손을 함께 뺨에다 대어 베개를 베듯이 머리를 부드럽게 받쳐준다.

고전발레주의 마임(두려움)

두려워서 숨고 싶은 동작을 취한다 손과 팔의 역할이 중요하다

고전발레주의 마임(부탁)

선 채로나 무릎을 꿇은 채 두 손을 앞쪽으로 깍지를 끼고, 몸쪽으로 가깝게 가져온 후 머리를 숙이는 동작을 일컫는다.

고전발레주의 마임(살인)

칼집에서 단도를 꺼내 공중에 들어올려 심장을 찌르는 것처럼 하는 동작.

고전발레주의 마임(아기)

팔을 자연스러운 제1, 2포지션의 제스처로 시작하여 천천히 흐르는듯한 동작으로 두 팔이 아기를 흔들어 재우는 것처럼 조심스럽을 팔을 모의는 동작을 일컫는다.

고전발레주의 마임(여성의 취침)

테이블 위에 대고 쉬는 것처럼 팔을 올리고 두 눈을 감는다.

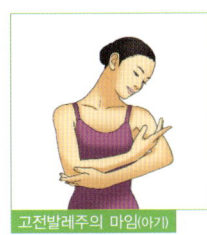   

고전발레주의 마임(아기) | 고전발레주의 마임(부탁) | 고전발레주의 마임(남성의 취침) | 고전발레주의 마임(여성의 취침)

고전발레주의 마임(살인) | 고전발레주의 마임(두려움)

고전주의(classicism)

어떤 무용수가 '고전주의를 보인다'고 하면, 그것은 흔히 발레 수업에서 배운 대로 스텝과 포지션을 취한다는 것을 의미한다. 타성에 젖거나 겉으로 꾸며서 하는 흔적이 전혀 없다는 것이다.

고전주의 발레(classical ballet)

낭만주의 발레의 쇠퇴 후 등장해 19세기 중반부터 후반까지 활성화됐다. 춤과 마임으로 내용을 전개했으며, 디베르띠스망(divertissment)과 그랑 빠 드 되(grand pas de deux) 형식 등이 다채롭게 사용되었다. 마리우스 쁘띠빠(Marius Petipa)의 〈백조의 호수〉 등이 고전주의 발레의 대표 작품이다.

곧게 편 다리 들어 올리기

데벨로뻬(développé)를 시작하기 전에 다리를 45°, 나아가 90°로 올리도록 연습하는 것은 매우 중요하다. 왜냐하면 이 과정을 통해 둔부, 대퇴부, 복부, 더불어 허리의 모든 근육을 끌어당기는 방법에 대해 이해도를 높이게 되기 때문이다. 또한 둔부선을 흐트러뜨리지 않고 몸의 나머지 부분을 틀어서 균형을 잃지 않은 채 어떤 높이에 이르는 방법에 대한 이해도도 높일 수 있다.

골드베르크 변주곡(Goldberg Variationen)

1741년 발표된 요한 제바스티안 바흐(Johann Sebastian Bach)의 작품. 변주곡 가운데 가장 중요한 작품 중 하나로 손꼽힌다. 변주곡이란 동일한 주제가 되는 선율을 바탕으로 리듬과 화성 등을 여러 가지 방식으로 변형시켜 나가는 기악곡을 일컫는다.

골반(pelvis)의 중요성

몸의 안정을 유지하는 데 가장 중요한 역할을 하는 것은 척추인데, 그것이 서 있는 발판은 골반이다. 이것은 뒤와 옆이 높고 앞쪽이 낮아 얼핏 사발처럼 보인다. 척추의 아래쪽에 있는 쐐기 모양의 천골(엉치뼈)이 사발의 뒷부분을 형성하고, 그 양쪽에 몸통과 다리를 잇는 관골(볼기뼈)이 연결되어 골반의 앞과 옆부분을 형성한다. 척추를 지탱하고 다리 쪽에서 발생하는 충격을 흡수하는 골반은 몸통과 다리의 모든 움직임의 중추이며, 무용수의 자세와 배치의 중심이기도 하다. 골반은 장골, 치골, 좌골이라는 융합된 3개의 뼈로 이루어져 있다.

공연 준비

〈레 실피드(Les Sylphides)〉의 부드럽고 환상적인 흰 드레스와 신비한 숲 속의 빈터, 〈페트루슈카(Petrushka)〉의 서커스 공연장은 작품 구성에 빠져서는 안 될 절대적인 요소이다. 그처럼 발레 공연에는 무용수의 실력 못지않게 무대 디자인과 의상, 음악 등이 매우 중요한 의미를 갖는다. 따라서 16세기 레오나르도 다 빈치(Leonardo da Vinci)에서 현대의 파블로 피카소(Pablo Picasso)에 이르기까지 많은 예술가들이 발레 무대 제작에 참여해왔다. 아울러 초기 궁중 발레의 무거운 드레스부터 19세기의 뛰뛰(tutu), 그리고 몸에 짝 달라붙는 오늘날의 타이츠(tights)까지 발레 의상 또한 꾸준히 변모를 거듭해왔다. 한 편의 발레 작품이 성공적으로 공연되는 데는 보이지 않는 많은 사람들의 손길과 역사의 진화가 필요한 것이다.

관습적인 머리의 움직임

무용수는 앞으로 움직일 때, 일반적으로 활동하고 있는 발 쪽으로 머리를 돌린다. 또한 뒤로 움직일 때, 대개 무용수의 머리는 받침다리 쪽으로 기울어진다.

국립발레단(Korea National Ballet)

1962년 설립된 한국의 대표적인 발레단이다. 단원 수는 50명 안팎이며, 명작 발레인 〈백조의 호수(Swan Lake)〉와 〈호두까기 인형(The Nutcracker)〉 등을 국내에 처음 소개했다. 아울러 1975년에는 〈지젤(Giselle)〉을 처음으로 전막 공연했고 〈신데렐라(Cinderella)〉, 〈코펠리아(Coppélia)〉 등을 비롯해 〈지귀의 꿈〉, 〈처용〉, 〈왕자 호동〉 같은 한국적 창작 발레도 활발히 무대에 올렸다. 지난 1988년 서울올림픽 이후에는 고전발레뿐만 아니라 현대발레도 폭넓게 수용하고 있다.

궁정발레(ballet de cour)

16세기 말 프랑스에서 탄생해 17세기 초 전성기를 맞은 무대예술로 무용과 대사, 노래가 결합되었다. 당시 궁정발레는 군주와 그 가족의 생일이나 결혼식 등을 기념해 공연되는 경우가 대부분이었다. 그 후 1641년 무렵부터 비로소 일반 시민들을 위한 공개적 공연이 무대에 올려졌다. 한편 초기 '발레 드 쿠르' 무용수는 전부 남성들로, 대개 화려한 장식이 달린 의상에 가면을 착용하기도 했다.

그랑(grand)
'크다', '큰 움직임'이란 뜻이다.

그랑 까브리올(grand cabriole)
까브리올 동작이 더욱 큰 것을 말한다.

그랑 바뜨망(grand battement)
한쪽 발에 체중을 두고, 다른 쪽 발로 빠르고 힘차게 공중으로 다리를 던지듯 차는 자세이다.

그랑 바뜨망(grand battement) 1

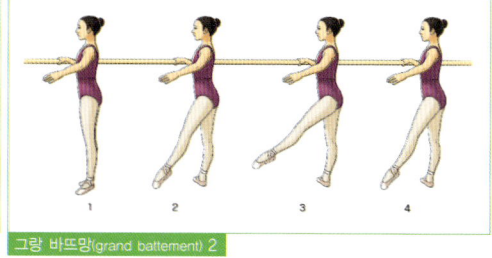
그랑 바뜨망(grand battement) 2

그랑 바뜨망(grand battement) 3

그랑 바뜨망(grand battement) 4

그랑 바뜨망 데리에르(grand battement derriére)

한쪽 발에 체중을 두고, 다른 쪽 발로 빠르고 힘차게 공중으로 다리를 뒤로 던지듯 차는 자세이다.

그랑 바뜨망 쥬떼(grand battement jeté)

한쪽 발이 마루바닥 위를 미끄러지게 하면서 앞으로 90°가 되게 차올리는 쥬떼를 말한다.

그랑 발로네(grand ballonné)

한쪽 발로 뛰어오르며 다른 발로 오르는 다리를 마주치는 스텝이 발로네인데, 특히 한쪽 다리를 90°로 뻗고 뛰는 것을 그랑 발로네라고 한다.

그랑 빠 드 되(grand pas de deux)

고전발레의 최고 절정 장면에서 프리마 발레리나와 남성 제1무용수가 추는 빠 드 되를 말한다.

그랑 빠 드 바스끄(grand pas de basque)

오른쪽 다리를 곧게 편 채 앞으로 던져 올린 후, 내려오는 오른쪽 다리를 지나 왼쪽 다리를 즉시 던져 올리며 점프하고 나서 오른쪽 다리 앞에서 마친다. 이 연속 동작은 무용수가 발끝을 회전시킬 수 있도록 두 다리를 교차하며 마칠 수도 있다. 이런 경우에는 앙 뚜르낭(en tournant)의 특성이 덧붙여지는 것이다.

그랑 빠 드 바스끄(grand pas de basque)

그랑 빠 드 샤(grand pas de chat)

드미 쁠리에(demi-plié)로 최대한 높이 도약하는 빠 드 샤(pas de chat)를 체케티 파에서는 그랑 빠 드 샤라고 한다. 참고로 빠 드 샤는 '고양이 스텝'이라는 의미로, 높이 점프할 때 다리가 고양이처럼 오므라드는 것에서 유래했다.

그랑 빠 드 샤 쥬떼(grand pas de chat jeté)

오른쪽 다리를 점프하는 동안 구부리고 착지할 때 펴는 점만 제외하고는 그랑 쥬떼 아나방처럼 연기한다.

그랑 쁠리에(grand plié)

쁠리에는 '무릎을 굽힌다'는 뜻. 발레에서는 양쪽 허벅다리를 일직선이 되도록 벌려서 굽힌 다음, 무릎도 수평이 되도록 굽혀야 한다.

그랑 삐루에뜨(grand pirouette)

크게 도는 것을 의미한다.

그랑 샹즈망 드 삐에(grand changment de pieds)

공중으로 도약하면서 발을 바꾸는 빠(pas). 발끝이 마룻바닥에서 떠날 듯 말 듯 한 것을 쁘띠 샹즈망이라고 한다.

그랑 쉬제(grand sujet)

파리 오페라좌에서 군무의 우두머리보다 높은 위치에 있는 무용수를 일컫는 호칭이다.

그랑 스꽁 뿌지씨옹(grand second position)

옆으로 올린 다리가 90°를 넘는 포지션이다. 발은 앙 드오르(en dehors)로 되어 있고 올려진 다리는 일직선으로 뻗어 있다.

그랑 아다쥬(grand adage)

아다쥬(adage), 바리아씨옹(variation), 꼬다(coda)의 세 부분으로 된 남녀 무용수의 빠 드 되(pas de deux)에 포함되어 있는 아다쥬를 말한다. 〈백조의 호수〉 제2막에서 왕자와 오데뜨 공주의 그랑 아다쥬가 가장 유명하다.

그랑 아라베스끄(grand arabesque)

여성 무용수가 한쪽 발로 서서 상체를 앞으로 굽히고 다른 쪽 다리를 90° 이상 올려서 발끝까지 쭉 뻗친 뒤, 그에 대응하는 팔은 앞으로, 다른 쪽 팔은 뒤로 쪽 뻗어서 T형의 자세를 이루는 아라베스끄를 말한다.

그랑 아쌍블레(grand assamblé)

한쪽 발을 공중에 쭉 뻗어서 도약하는 순간 앞뒤의 발을 바꾸고 두 발을 붙여서 (제5포지션) 착지한다.

그랑 알레그로(grand allégro)

크게 점프하거나 빠르게 이동하는 스텝이다.

그랑 에샤뻬(grand échappé)

드미 쁠리에(demi-plié)로 두 다리를 뻗고 도약해서 착지했을 때 제2포지션으로 다리를 벌린다. 그리고 다시 한 번 도약해서 제5포지션으로 착지한다.

그랑 에샤뻬(grand échappé)

그랑 쥬떼(grand jeté)

한쪽에서 다른 쪽 다리로 발을 바꾸면서 점프하여, 다리를 공중에서 뻗는다. 남성 무용수의 스텝인 쥬떼 중에서도 가장 크게 도약하는 화려한 것으로 그 위력과 매력이 크게 과시된다.

그랑 쥬떼 아나방(grand jeté en avant)

오른쪽 다리를 앞으로 편 채 도약해 왼쪽 다리를 곧게 뻗거나, 아띠뜌드(attitude)로 구부리며 몸 뒤로 들어올리면서 오른발로 착지한다. 이 스텝은 점프에 추진력을 주기 위해 런닝(running)이 선행되는 경우가 많다.

그랑 쥬떼 아나방(grand jeté en avant) 1

그랑 쥬떼 아나방(grand jeté en avant) 2

그랑 쥬떼 알라 스꽁드(grand jeté à la sconde)
드미 쁠리에(demi-plié)에서 제2포지션의 앙 레르(en l'air)로 올렸다가 뛰어내리기 때문에 알라 스꽁드(à la seconde)가 붙는다.

그랑 푸에떼(grand fouetté)
제5포지션에서 한쪽 다리를 앙 레르(en l'air)로 크게 올렸다가 그 발끝을 무릎으로 가져가는 빠. 그런데 어떤 유파에서는 한쪽 무릎을 굽혔다가 180°로 크게 회전하는 빠를 일컫기도 한다.

그랑 푸에떼 쒸르 레 뿌엥뜨(grand fouetté sur les pointes)
이 움직임은 푸에떼 소떼(fouetté sauté)와 거의 같다. 다만 점프 대신 뿌엥뜨(pointe)로 튀어 올라 서는 것이 다르다.

그랑 프레빠라씨용(grand préparation)
삐루에뜨 알라 스꽁드(pirouete à la seconde)를 위한 프레빠라씨용. 드미 쁠리에(demi-plié)로 시작해서 몸을 추켜세우는 동시에 회전할 방향의 다리를 앙 레르로 올렸다가 제2포지션의 드미 쁠리에가 된다.

그루프(groupe)
군, 집단, 그룹과 같은 뜻이다.

근막의 역할
근막(fascia)은 신체의 모든 부분을 뒤덮고 있다. 모든 근막은 신체의 각 부분을 독립시키는 동시에 결합시키는 역할을 한다. 근육 조직과 신경, 혈관, 뼈, 인대

주위를 덮고 있는 근막은 섬유질로 된 견고한 조직이다. 만약 몸 안에서 근막을 제외한 모든 기관을 꺼낸다고 가정해도, 근막은 똑같은 모양을 유지한다.

근육계와 신경계(muscles and nervous system)
신체를 움직일 때마다 우리의 중추신경계는 무의식중에 일련의 작업에 대해 몸의 각 부분에 명령을 내린다. 그에 따라 다양한 근육 조직을 움직이는 프로그램이 자동으로 짜여지기 때문에 인체는 의식적으로 어떤 행위를 할 필요가 없다. 그러므로 무용수로서 이미지를 얼마나 훌륭하게 재현할 수 있느냐는 신경계와 근육계가 어떻게 밸런스를 유지하며 정상적인 기능을 하느냐에 따라 좌우된다. 더구나 신경계는 창조적, 감정적, 지적 활동의 중추이기도 하다.

근육의 구조
움직임을 이끌어내는 근육(muscles)을 수의근 또는 골격근이라고 한다. 이들 근육은 몇 개의 층을 이루고 있으며 피부에 가까운 층의 근육을 표층근, 그 아래에 있는 것을 심층근이라고 한다. 근육은 수백 개의 근섬유(muscle fiber)로 본체를 구성하고 있다. 개개의 근섬유는 근막(fascia)에 덮여 있고, 근섬유 전체는 다발로 이루어져 있다. 이 다발 역시 근막에 덮여 있으며 끝부분은 힘줄(tendon)로 되어 있다. 근육의 양쪽 끝은 뼈와 연결되어 있는데 양쪽 끝이 힘줄에 의해 뼈와 결합하기도 하지만, 한쪽만 힘줄로 연결되고 나머지 한쪽은 힘살의 조직이 직접 뼈에 결합하는 경우도 있다.

근육의 기능
근육(muscles)은 집단적으로 움직인다. 하나의 근육이 독립적으로 움직이는 일은 절대 없다. 그런데 같은 근육 집단이라도 움직임에 따라 그 역할이 달라진다.

예를 들어 다리 앞쪽 근육의 경우 바뜨망(battement)을 할 때는 주동근이 되지만 뒤쪽으로 바뜨망을 할 때는 길항근이 된다. 여기서 주동근은 움직임의 중심이 되는 근육을 말하며, 길항근은 주동근을 보조하는 근육을 일컫는다.

근육의 긴장과 균형 상태

근육은 언제라도 재빨리 움직일 수 있도록 정상적인 근긴장(muscle tonus) 상태를 유지하고 있어야 한다. 그러나 근긴장의 정도를 의식적으로 조절할 수는 없다. 근육의 반사적 긴장을 관장하는 것은 신경계이다. 몸의 상태가 나쁘거나 정신적으로 피곤하면 근긴장의 정도가 저하된다. 물론 근육이 이러한 상태가 되면 무용에도 안 좋은 영향을 미친다. 또한 근육은 대개 이완과 긴장을 반복한다. 그런 상황에서 무용수에게 있어 자신의 몸 안에서 움직이는 주동근과 길항근의 균형을 완벽하게 유지하는 것은 매우 중요한 일이다. 발레 연습의 속도와 강약을 효과적으로 조절해 근육의 균형 상태를 유지하면 무용수로서 보다 높은 성과를 거둘 수 있다.

근육의 역할

근육(muscles)의 역할은 크게 움직임을 발생시키는 일, 뼈와 신체 각 부위를 안정시키는 일, 중력에 대항하는 일이라고 할 수 있다. 그 가운데 근육의 가장 중요한 기능은 뼈를 움직이게 하는 것이다. 근육은 쉽게 늘어나지만 금세 본래의 길이로 되돌아가는 특성이 있다. 근육은 평소 길이의 1.5배까지 늘어나며, 반대로 원래 길이의 절반으로 줄어들기도 한다. 근육에 파열이 생기는 것을 좌상(strain)이라고 하는데, 이 경우 제대로 치료를 해야만 한다.

글리싸드(glissade)

미끄러지는 빠(pas). 장소를 옮긴다든가 빠와 빠의 사이를 연결시킨다든가 또는 도약의 예비 동작으로 쓰이는 보조적인 스텝이다. 쁠리에(plié)로 시작해서 쁠리에로 끝난다.

글리싸드(glissade) 1

글리싸드(glissade) 2

글리싸드 쒸르 레 뿌엥뜨(glissade sur les pointes)

양쪽 발의 드미 쁠리에(demi-plié)로 시작해서 미끄러지듯이 이동하고 뿌엥뜨(pointe)로 섰다가 발뒤꿈치를 내려서 다시 제5포지션의 드미 쁠리에로 돌아가는 스텝이다.

까드리으(quadrille)

발레단의 지위 중 가장 하위에 속한다. 까드리으는 다시 프르미에르 까드리으(premiére quadrille)와 스꽁드 까드리으(second quadrille)의 두 계급으로 나뉘어 군무에 참가한다.

까르(quart)

'4분의 1'이라는 뜻이다.

까브리올(cabriole)

공중으로 뛰어오르면서 무릎 아랫부분을 부딪치게 하는 호방한 남성적 스텝. 제2포지션으로 뿌엥뜨 땅뒤(pointes tendu)로 내민 다리에 중심을 옮기면서 한쪽 발을 수평의 높이로 뜨게 하고, 이어서 다른 발까지 차올려 부딪치게 한다.

까브리올(cabriole) 1

까브리올(cabriole) 2

까브리올 드 꼬떼(cabriole de coté)

옆방향으로 뛰는 까브리올을 말한다.

까브리올 아나리에르(cabriole en arriére)

뒷방향으로 뛰는 까브리올을 말한다.

까브리올 아나방(cabriole en avant)

앞방향으로 뛰는 까브리올을 말한다.

까브리올 우베르뜨(cabriole ouverte)

움직이는 다리는 착지가 일어난 후 넓게 뻗은 채로 공중에 남아 있다. 그 다음 점프는 지지하는 다리로부터 취해져야만 한다.

까브리올 훼르메(cabriole fermé)

움직이는 다리는 착지가 일어난 후에 제5포지션으로 닫친다. 다음 점프는 양쪽 다리로 할 수 있다.

까테고리(catégories)

'범주, 종류, 등급'이라는 뜻이다.

깡브르(cambré)

'활 모양의', '활처럼 휜'이라는 뜻. 허리를 중심으로 아무 방향으로나 몸을 구부리는 것을 말한다.

꼬르 깡브르(corps cambré)
상체를 뒤로 젖힌 자세를 말한다.

꺄드릴(quadrilles)
무용수의 지위를 구분하는 용어로, 꼬리빼(coryphées) 아래 등급에 해당한다.

꺄락떼르(caractére)
성격파 무용수를 말한다. 주로 마임이 많은 역할, 민속 무용이 가미된 역할, 코믹한 역할을 하는 무용수를 일컫는다.

꺄트리엠므 뽀지씨옹(quatrième position)
제4포지션, 한쪽 발을 한 발자국 정도 앞으로 딛고 선 포지션을 말한다. 발바닥은 모두 마룻바닥에 완전히 붙어 있다.

꺄트리엠므 뽀지씨옹 아나리에르(quatrième position en arriére)
아나리에르(en arriére)는 '뒤로'라는 뜻. 제4포지션에서 뒤에 놓인 발을 뒤로 높이 뻗었을 경우를 말한다.

꺄트리엠므 뽀지씨옹 아나방(quatrième position en avant)
아나방(en avant)은 '앞으로'라는 뜻. 제4포지션에서 앞에 놓인 발을 앞으로 높이 뻗었을 경우를 말한다.

꺄트리엠므 뽀지씨옹 앙 오(quatrième position en haut)
팔(arms)의 제4포지션을 말한다. 한쪽 팔을 머리 위로 올린 포즈이다.

꺄트리엠므 뽀지씨용 우베르(quatrième position ouvert)

제1포지션의 한쪽 발을 앞으로 옮긴 것. 앞과 뒤의 발뒤꿈치가 일직선 위에 놓이게 된다.

꺄트리엠므 뽀지씨용 크르아제(quatrième position croisé)

제5포지션의 한쪽 발을 앞으로 옮긴 것. 앞과 뒤의 발끝과 발뒤꿈치가 평행선 위에 놓이게 되므로 두 다리는 교차한다.

꼬다(coda)

종곡(終曲)의 대단원을 말하는 음악 용어. 발레에서는 큰 군무의 마지막 부분을 일컫는다.

꼬떼(coté)

'옆으로'라는 뜻이다.

꼬떼 쟈르댕(cote jardin)

극용어로 배우나 무용수의 오른쪽이라는 뜻이다.

꼬레그라퓌(choreographe)

프랑스어로 '안무가'라는 의미이다.

꼬레오그래퍼(choreographer)

안무가, 발레 편성가를 뜻하는 미국식 영어. 무용수들이 스텝을 어떻게 할 것인지, 어떤 음악에 맞춰 어떤 동작을 할 것인지 등을 결정한다.

꼬르(corps)

'몸'을 말한다.

꼬르 드 발레(corps de ballet)

군무(群舞)를 일컫는다. 대개의 경우, 기하학적인 대형 변화로 무대를 충만하게 보이도록 한다. 프랑스에서는 발레단을 의미하는 경우도 있다.

꼬리뻬(coryphées)

주역 무용수를 뜻하는 말이다.

꼴레(collé)

'붙인다'는 뜻. 두 다리를 붙인 채 잠시 동안 공중에 뛰어오르는 동작을 말한다.

꽁트르땅(contretemps)

꽁트르땅(contretemps)

왼쪽 다리를 뒤에 두고 지면 위로 쭉 뻗거나, 오른쪽 발 뒤로 가까이 대고 시작한다. 우선 오른발 뒤꿈치를 든다. 그 사이 앞으로 미끄러져 나온 발을 교체하기 위해 끌어올린 왼발은 지면에서 살짝 떼고 작은 원을 그린다. 이때 몸은 그 방향으로 기울인다. 무용수는 왼쪽 다리를 뒤로 곧게 펴면서 자신이 기울이고 있는 방향으로 점프한다. 그 다음 오른발로 착지하고 나서 왼발을 앞쪽으로 미끄러뜨린다. 이 포지션에서 다른 쪽으로 꽁트르땅을 반복할 수 있다.

꾸드 딸롱(coup de talon)

꾸드(coud)는 '때린다, 타격을 가한다'는 뜻이며 딸롱(talon)은 '발뒤꿈치'라는 의미로, 발뒤꿈치를 이용해 바닥을 구르는 동작을 말한다.

꾸드 삐에(cou-de-pied)

복사뼈와 종아리 아래 사이의 발목 부분을 이르는 말이다.

꾸뤼(couru)

'뛰는 것', '달리는 것'을 의미한다.

꾸뻬(coupé)

'자른다'는 뜻. 몸의 무게를 이동시키는 데 이용되는 연결 스텝이다. 마룻바닥을 미끄러지듯 해서 한쪽 발이 다른 쪽 발을 자르는 듯한 느낌의 스텝을 말한다.

꾸뻬 드 꺄락떼르(coupé de caractére)

거의 제5포지션에서 시작하여 왼쪽 무릎은 가볍게 굽히고 왼쪽 뒤꿈치는 지면에서 가볍게 들며 무게 중심은 오른

꾸뻬 드 꺄락떼르(coupé de caractére)

발에 둔다. 그 다음 무게 중심을 왼발 앞바닥으로 이동시키고, 뾰족하게 세우지 않은 오른발을 가볍게 지면에서 들면서 거의 동시에 무게 중심을 바꿔 원래 위치로 되돌린다. 이 동작의 강조점은 오른발에 있다. 이 발이 스텝에 경쾌한 성격을 부여해주기 때문이다. 꾸뻬는 종종 앙 드당(en dedans)으로 회전하며 보통 연속 동작으로 이루어진다.

꿈(The Dream)

1964년 작. 멘델스존(Mendelssohn)의 음악에 에쉬톤(Ashton)이 안무를 담당한 작품이다. 대략 셰익스피어(Shakespeare)가 쓴 〈한여름 밤의 꿈〉의 줄거리를 따르고 있지만, 신비한 인디언 소년과 헬레나의 사랑에 대한 티타니아와 오베론의 논쟁에 초점을 맞춘다. 1964년 셰익스피어 탄생 400주년을 기념하여 만들어진 작품으로, 영국 로열발레단이 런던에서 초연했다.

ballet dictionary

발레 사전

ㄴ

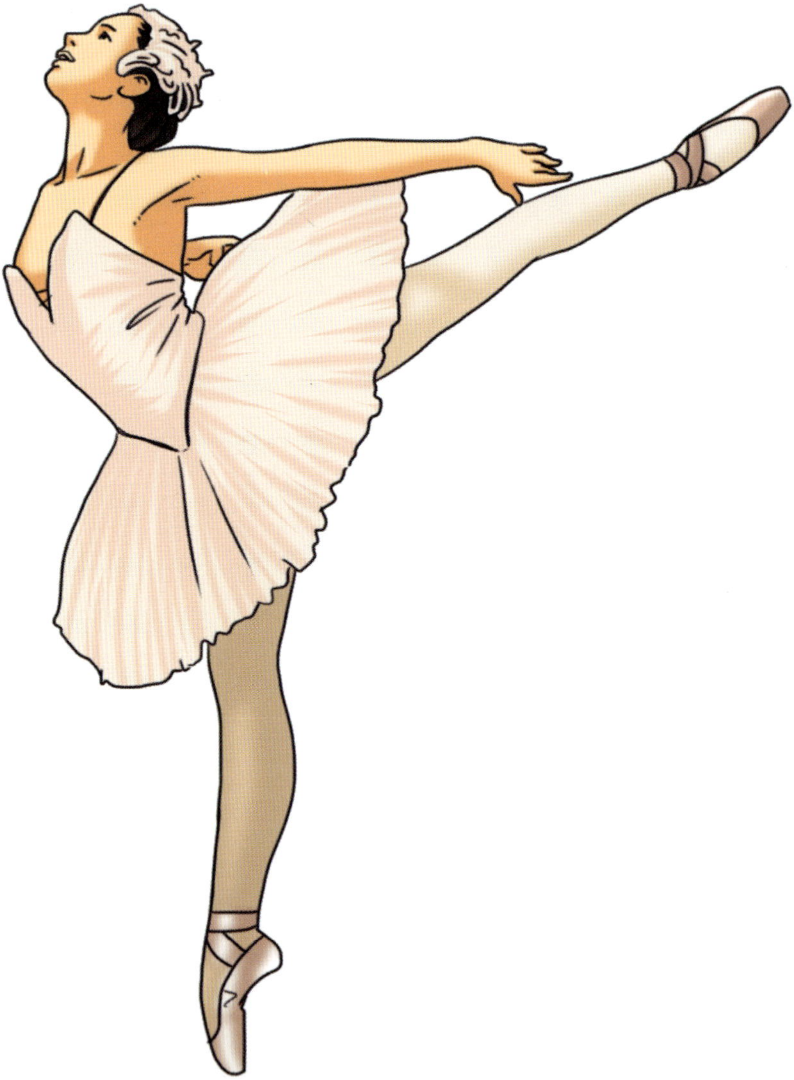

남자의 레베랑쓰

인사하고 싶은 상대를 보면 양팔을 내린 채 의젓한 태도로 발 포지션 1번동작으로 선 다음 시선을 천천히 내리며 머리를 약간 앞으로 숙인다.

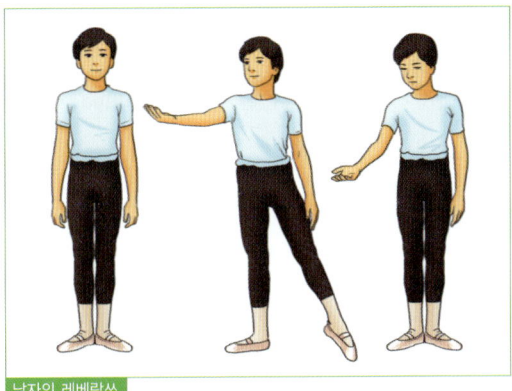
남자의 레베랑쓰

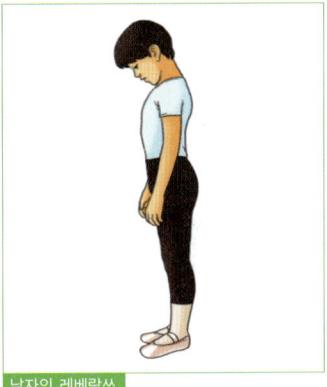
남자의 레베랑쓰

남자의 발랑쎄 드 꼬떼(balance de cote)

남자의 경우 여자와 발의 움직임은 같으나 좀더 탄력이 강하고 활동적으로 움직여 주며, 팔의 움직임에 따라 제1의 형, 제2의 형으로 나뉜다.

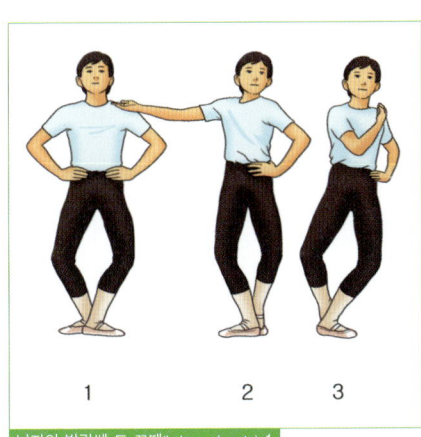
남자의 발랑쎄 드 꼬떼(balance de cote) 1

남자의 발랑쎄 드 꼬떼(balance de cote) 2

낭만주의 발레(romantic ballet)

19세기 전반 낭만주의 시대에 만들어진 발레를 말한다. 현실적인 면보다는 환상과 신비의 가치를 추구해, 주로 사랑 이야기 같은 서정적인 내용을 담았다. 쒸르 레 뿌엥뜨(sur les pointes), 빠 드 되(pas de deux)가 이때 시작되었고, 뛰뛰(tutu)도 등장했다. 낭만주의 발레는 1970년 무렵 쇠퇴했는데, 그것은 발레의 중심지가 프랑스에서 러시아로 옮겨가는 계기가 되었다. 라 실피드(La sylphide)와 지젤(Giselle) 등이 낭만주의 발레의 대표적인 작품이다.

내러티브 발레(narrative ballet)

스토리가 있는 발레 작품을 말한다.

노따씨용(notation)

'발레 기록법' 또는 '무용 기록법'을 의미한다. 비록 오늘날까지 무용수나 안무가 사이에 이런 기록법이 널리 보급되지는 않았으나, 그들이 창안한 갖가지 종류의 기록법과 규칙 등은 엄연히 존재한다. 그중 대표적인 것으로는 '라바 기록법(Labanotation)'과 '베네쉬 기록법(Benesh notation)'이 있다. 영어로는 노테이션(notation) 또는 댄스 노테이션(dance notation)이라고 한다.

녹색 테이블(The Green Table)

1932년 작. 프리츠 코엔(Fritz Cohen)의 음악에 쿠르트 요스(Kurt Jooss)가 안무를 맡아 프랑스 파리 샹젤리제극장에서 요스발레단이 초연했다. 요스는 주역 무용수로 직접 무대에 오르기도 했는데, 이 작품 안에 제1차 세계대전에서 비롯된 반전(反戰) 메시지를 담았다.

눈의 여왕(The Snow Queen)

1986년 작. 브럼웰 토비(Bramwell Tovey)의 음악에 데이비드 빈틀리(David Bintley)가 안무를 맡았다. 〈눈의 여왕〉은 원래 한스 안데르센(Hans Andersen)의 동화 작품으로, 연극적 효과를 강조한 3막 발레 작품이다. 영국 버밍햄에서 새들러스웰스로열발레단이 초연했다.

뉘앙스(nuance)

음색이나 색상, 명도, 채도, 어감 따위의 미묘한 차이를 말한다. 약간의 변화지만 그 의미는 크게 달라지는 경우가 있다.

뉴욕시티발레단(New York City Ballet)

1948년 미국 뉴욕에서 설립된 발레단이다. 미국에 발레를 깊이 뿌리내리고 그 수준을 높인 발레단으로, 기성 작품의 재공연보다 창작에 무게를 두어 활동해 왔다. 1933년 무용평론가 링컨 커스틴(Lincoln Kirstein)이 파리에서 조지 발란신(George Balanchine)을 초빙해 설립했던 아메리칸발레학교(American Ballet)가 모체이다.

ballet dictionary

발레 사전

ㄷ

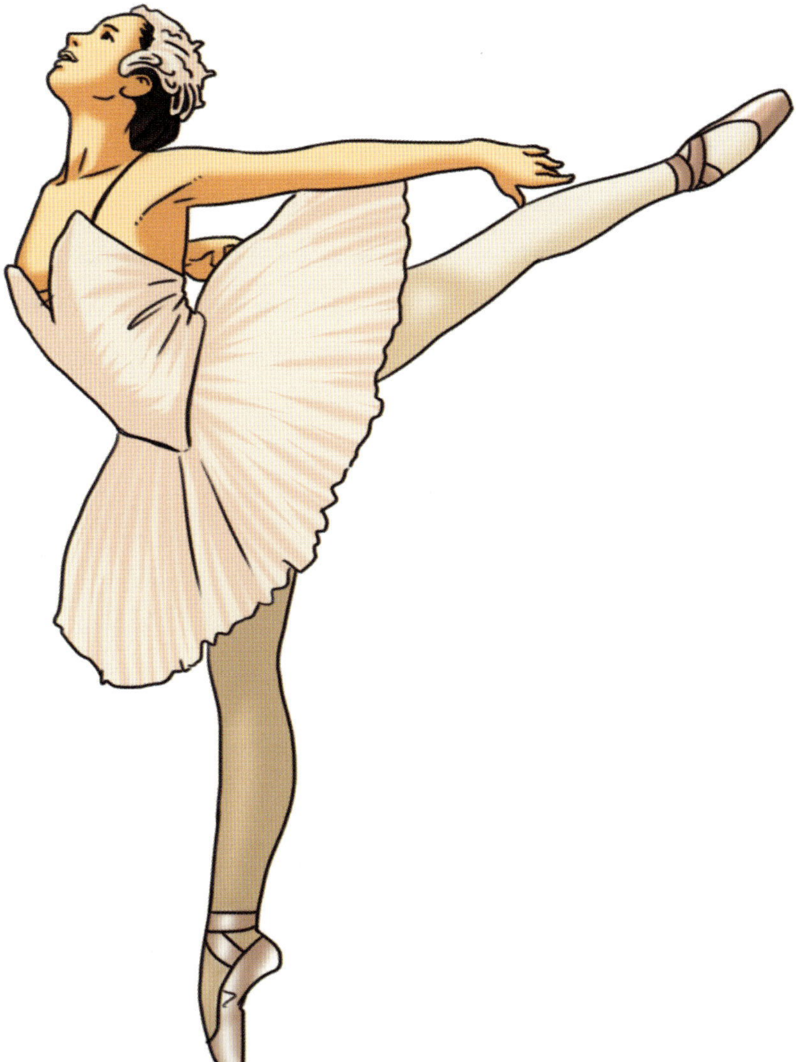

다리와 등(legs and back)

무용수의 다리는 강하고 바르게 펴져 있어야 한다. 무용을 할 때 무릎은 위로 끌어올린 근육과 함께 반듯이 펴고 신중하게 구부려야 한다. 또한 등도 반듯이 펴고 척추를 바르게 한 다음 양쪽 발에 몸의 무게를 고르게 분산시켜야 한다. 아울러 등은 유연하게 구부릴 수 있어야 한다.

당쐬르(danseur)

무용수를 말한다. 특히 남성 무용수를 일컫는다.

당쐬르 노브르(danseur noble)

고전적인 기법을 터득해서 최고의 기술과 수려한 품격을 표현해내는 무용수를 말한다.

당쐬즈(danseuse)

무용수를 말한다. 특히 여성 무용수를 일컫는다.

당쐬즈 드미 꺄락떼르(danseuse de demi-caractère)

연기력을 필요로 하는 개성 있는 무용수. 〈페트르슈카〉의 발레리나 등은 전형적인 당쐬즈 드미 꺄락떼르이다.

당쐬즈 뜨레베스띠(danseuse travestie)

'변장한 무용수'라는 뜻. 남자 역을 맡은 여성 무용수를 말한다.

당쓰(danxe)
영어의 'dance(춤)'와 같은 의미이다.

당쓰 꼬믹끄(danxe comique)
코믹한 춤을 말한다.

당쓰 노블(danxe noble)
우아한 무용을 일컫는다.

당쓰 데꼴(danxe décole)
무용 학교라는 뜻이다.

당쓰 드 꺄락떼르(danxe de caractère)
성격 무용, 민속 무용을 말한다.

당쓰 드미 꺄락떼르(danxe demi-caractère)
어느 정도는 성격 무용이나, 고전발레 테크닉 범주에서 추어지는 춤을 말한다.

당쓰 드 씨르꿀라씨옹(danxe de circulation)
원형무를 일컫는다. 넓은 무대 영역을 차지하는 무용 형태이다.

대니쉬 브리제(danish brisé)
덴마크식 브리제를 뜻한다. 브리제와 유사하나 두 발로 착지하지 않는 스텝이다.

데가제(dégagé)

'자유롭다'는 뜻. 한쪽 다리가 마룻바닥을 떠나 자유롭게 된 상태를 말한다. 체중을 싣고 있는 다리는 움직이지 말아야 하며, 움직이는 다리는 허벅지부터 동작하도록 노력해야 한다.

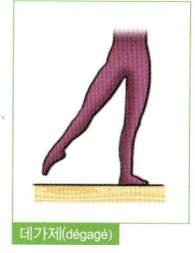
데가제(dégagé)

데가제 디센게쥐(dégagé disengaged)

발등을 완전히 아치형으로 힘을 주어 구부린 상태를 말한다.

데가제 앙 크르와(dégagé en croix)

데가제가 앞, 옆, 뒤, 옆으로 이어지는 동작이다.

데꼬르(décor)

'장식'이라는 뜻. 발레 공연에 사용되는 무대 장치와 소품 등을 일컫는다.

데뚜르네(détourné)

'옆으로 떨어져 도는 동작'이란 뜻. 뒷발이 향한 방향이나 발의 위치와 반대 방향으로 되돌아올 때 뒤로 돌아가는 동작을 말한다.

데띠레 땅(détiré temps)

'잡아당기는 동작'이라는 뜻. 다리를 차거나 곧바로 내미는 동작을 가리키는 프랑스 발레 학교의 전문 용어이다. 오른발 앞의 제5포지션에서 오른발을 'retire devant'으로 올린다. 그리고 오른팔과 손을 아치형으로 든 채 오른쪽 발의 발바닥을 왼쪽 다리까지 갖다놓는데, 가능한 한 높이 차면서 오른쪽 다리를 제2포지

데띠레 땅(détiré temps)

션으로 옮겨 놓는다. 이때 양다리의 무릎은 곧게 펴고 있어야 한다. 연습 동작은 흔히 바(barre)가 끝날 때 한다.

데리에르(derriére)

팔이나 다리를 몸의 뒤로 하는 자세를 말한다.

데벨로뻬(développé)

'펼치다, 벌린다'라는 뜻. 한쪽 발을 천천히 올려 펴서 완벽한 균형을 이루는 동작이다.

데벨로뻬(développé) 1

데벨로뻬(développé) 2

데벨로뻬 데리에르(développé derriére)

다리를 뒤쪽으로 높이 올리고 버티다가 다리를 내리는 동작이다.

데벨로뻬 드방(développé devant)

한쪽 발을 천천히 앞으로 올려 펴서 완벽한 균형을 이루는 동작이다.

데벨로뻬 데리에르(développé derriére)

데벨로뻬 드방(développé devant)

데뷔(debut)

첫 무대를 말한다.

데필레(défilé)

신인부터 스타까지 모든 발레 단원이 무대 위에 출현하는 것을 말한다.

덴마크왕립발레단(Royal Danish Ballet)

1748년 덴마크 코펜하겐에서 창단된 발레단이다. 빈첸초 갈레오티(Vincenzo

Galeotti), 아우구스트 부르농빌레(August Bournonville) 등의 안무가가 세계적인 발레단으로 성장시켰다.

도오 퍼블릭끄(dos au public)
'관객에게 등을 돌린다'는 의미이다.

돈키호테(Don Quixote)
1896년 작. 루드비히 민쿠스(Ludwig Minkus)의 음악에 마리우스 쁘띠빠(Marius Petipa)가 대본과 안무를 담당한 전 3막 발레 작품이다. 모스크바에서 러시아 황실발레단이 초연했다.

되(deux)
'둘, 둘의' 또는 '2'라는 뜻이다.

되 브라(deux bras)
'두 팔로'라는 뜻. 양팔을 몸 앞에서 앞으로 쭉 뻗는 것으로, 어깨 높이에서 한쪽을 다른 쪽보다 약간 높게 올린다.

두블 뚜르 앙 레르(double tour en l'air)
공중에서 실시하는 2회전을 말한다. 보통 2회전 이상일 경우 복수를 써서 '뚜르장 레르(toursen l'air)'라고 부른다. 도약과 회전이 복합된 빠이다.

듀오 콩세르탕(Duo Concertant)
1972년 작. 이고리 스트라빈스키(Igor Stravinsky)의 음악에 조지 발란신(George

Balanchine)이 안무를 담당했다. 단막 작품으로, 미국 링컨센터에서 뉴욕시티발레단(New York City Ballet)이 초연했다.

드 꼬떼(de côté)

'옆에, 옆으로'라는 뜻. 무용수가 무대의 한쪽에서 다른 쪽으로 이동하는 것을 말하는데, 드 꼬떼로 이동할 때 측면을 바라볼 필요는 없다.

드미(demi)

'절반의'라는 뜻이다.

드미 꺄락떼르(demi-caractère)

성격 무용이나 고전 발레 테크닉에 적용되는 동작으로 추는 춤을 말한다.

드미 꾸뻬(demi-coupè)

'작은 단절' 또는 '작은 공간'이란 뜻. 다른 동작을 시작하기 전의 준비 동작 따위를 일컫는다. 예컨대 소떼(sauté), 떼르(terre), 크르아제(croisé), 에퐈쎄(effacé) 등을 하기 위한 기동력을 얻으려고 실시하는 일종의 연계 동작을 말한다.

드미 데뚜르네(demi-détourné)

한쪽 발을 다른 쪽 발 앞에 가지런히 놓거나 벌린 자세에서 토(toe)를 들어 올리며 회전하여 반대 방향을 향하는데, 그때 뒤에 놓았던 발이 앞쪽으로 오게 된다.

드미 뚜르(demi-tour)

반회전을 의미한다.

드미 브라(demi-bras)

'작은 팔의 동작'이라는 뜻으로, 제2포지션에서 반쯤 팔을 벌린 채 중간, 위, 앞으로 뻗은 자세이다. 마치 무엇인가를 요구할 때 두 팔을 벌린 채 손바닥을 가볍게 내미는 자세와 같다.

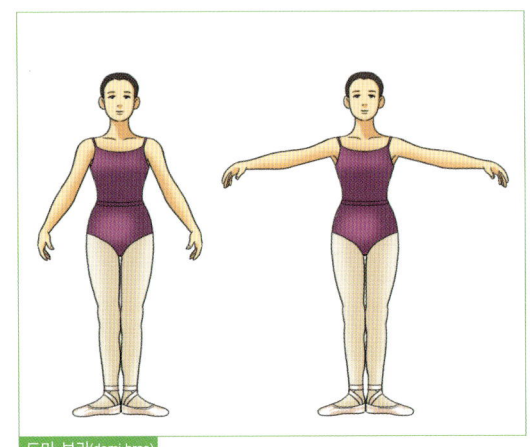

드미 브라(demi-bras)

드미 뿌엥뜨(demi-pointe)

'삐에 쒸르 라 드미 뿌엥뜨(pied sur la demi-pointe)'의 줄임말. 발뒤꿈치가 약 45°로 올려진 발의 위치를 말한다.

드미 쁠리에(demi-plié)

도약하기 위해 무릎을 반쯤 구부리는 상태를 말한다. 드미 쁠리에는 무용수의 점프 능력과 안정되게 착지하는 능력을 결정하는데, 아래로 깊이 무릎을 구부릴수록 더 높이 공중으로 점프할 수 있기 때문이다.

드미 쓰꽁드 뽀지씨숑(demi-seconde position)

몸의 위치가 크르아제(croisé)로 있을 때 표현되는데, 한쪽 팔이 제1포지션과 제2

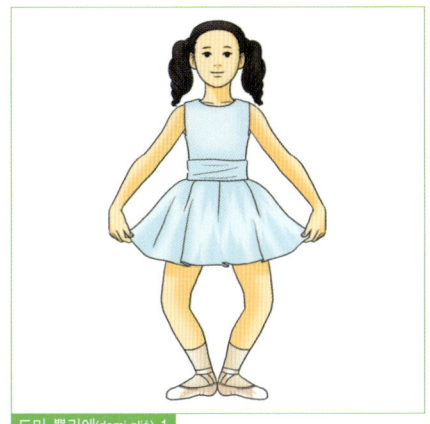
드미 쁠리에(demi-plié) 1

드미 쁠리에(demi-plié) 2

포지션의 중간 지점에 놓인다.

드방(devant)

'앞으로'라는 뜻. 팔다리 동작을 몸의 앞쪽으로 하는 자세이다.

드쑤(dessous)

'아래로'라는 뜻. 한쪽 다리를 들어서 지지하는 다리의 뒤쪽으로 하는 자세이다.

드쒸(dessus)

'위로'라는 뜻. 한쪽 다리를 들어서 지지하는 다리의 앞으로 하는 자세이다.

드 화쓰(de face)

'얼굴을 앞으로'라는 뜻. 관객을 정면으로 보며 움직이는 경우를 말한다.

디베르띠스망(divertissement)

'심심풀이, 오락'이라는 뜻. 무용극의 줄거리와는 별로 상관없는 무용의 모음곡 또는 소품집으로 구성되어 있다. 〈잠자는 숲 속의 미녀〉에서 제3막의 디베르띠스망은 화려하기로 유명하다.

디스(dix)

'10, 열 번째의'라는 뜻이다.

디아길레프발레단(The Diaghilev Ballet)

세르게이 디아길레프(Sergei Diaghilev)가 이끈 발레단. 초기에는 러시아 무용수들이 주류를 이루었으나 유럽 순회공연을 하면서 다른 국적의 무용수들이 수혈되었다. 디아길레프는 몬테카를로를 발레단의 근거지로 삼고 20년 동안 꾸준히 활동했다. 그는 무용수들을 체케티에 보내 발레 교육을 시켰고, 여러 예술가들과 함께 극장 예술의 완전한 형태를 이루기 위해 노력했다. 이 발레단의 명칭은 발레뤼스(Ballets Russes)라고 하여 오늘날까지 전해오고 있다.

따께떼(taqueté)

'고정시키라'는 뜻. 이 용어는 쒸르 레 뿌엥뜨(sur les pointes)한 채 발끝으로 무대를 민첩하게 두들기는 동작을 일컬을 때 사용한다.

따블르(tableau)

'사진'이라는 뜻. 무대 위에서 깊은 감동을 주거나 예술적인 가치가 높은 동작을 촬영한 큰 사진을 말한다.

땅(temps)

움직임을 말하며, 체중의 이동이 없는 스텝이나 동작의 한 부분을 일컫는다.

땅뒤(tendu)

바뜨망 땅뒤(battement tendu)처럼 쭉 뻗는 동작을 말한다.

땅 드 꾸드 삐에(temps de cou-de pieds)

쁘띠 르띠레(petit retiré)와 비슷하다. 한쪽 발을 지면에서 떼는 것만이 아니라, 다른 발목 옆까지 안으로 당긴다.

땅 드 꾸랑뜨(temps de courante)

꾸랑뜨 무곡조의 땅(temps)을 말한다.

땅 드 뀌쓰(temps de cuisse)

'허벅다리의 움직임'이란 뜻. 제5포지션에서 위로 뛰어올랐을 때 행해지는 발의 동작으로, 예컨대 작은 씨쏜느(sissonne)에 있어서는 빨리 제자리로 돌아가기 위한 준비 동작이 된다. 이 스텝은 가볍게 움직여야 하며 반드시 두 발이 붙은 채로 민첩하게 행해져야 한다.

땅 드 랑쥬(temps de l'ange)

땅 드 뿌와쏭(temps de poisson)과 비슷하지만, 무릎이 약간 굽혀진다.

땅 드 뿌와쏭(temps de poisson)

'물고기의 움직임' 이란 뜻. 무용수가 점프를 하면서 등을 아치 모양으로 구부린 이른바 쑤브르쏘(soubresaut)한 모습을 말한다. 이때 다리는 뒤로 곧게 뻗고 완전히 밀착시켜야 하며 오른발 앞 제5포지션이 된다. 공중에서는 드미 쁠리에(demi-plié)와 위로 뛰어오르는 동작 및 앞으로 나가는 동작 등이 함께 이루어지면서 에뻬스(efface)로 돌린다. 몸을 공중으로 일으킬 때는 두 다리를 아치형으로 등을 구부린 뒤에 위를 향하게 한다. 그리고 바닥에 착지할 때는 공중에서처럼 다리를 드미 쁠리에 한다. 다시 말해서 이 동작은 보통 오른발을 샤쎄 빠쎄 아나방(chassé passé en avant)한 채로 동작하며 왼발은 제5포지션으로부터 아쌍블레 드쒸(assemblé dessus)에 의해 따라 하거나 두 발을 붙인 채로 제5포지션 동작에 의해 바닥에 닿는 것으로 끝나기도 한다.

땅 드 뿌엥뜨(temps de pointes)
토(toe)의 가장 맨 끝으로 연기된 스텝들을 일컫는다.

땅 드 삐죵(temps de pigeon)
무용수는 공중으로 도약하여 앞다리 뒤에서 뒷다리를 약간 구부리며 점프의 최고조에서 다리를 비트한다. 앞발로 착지하면서 뒷발이 앞 발목 뒤쪽을 에워싸게 놔둔 다음 즉시 뒷발을 앞으로 가져와 제5포지션으로 닫는다.

땅 드 샤꼰느(temps de chaconne)
귀족적인 샤꼰 무곡조의 땅(temps)을 말한다.

땅 드 플레슈(temps de flèche)
'화살 모양의 동작'이란 뜻. 한쪽 다리는 활 모양 같고 다른 한쪽 다리는 화살 모양 같다고 해서 쓰이는 용어이다. 활 모양을 한 다리는 그랑 바뜨망(grand

battement)한 채로 동작할 수도 있다. 두 번째 바뜨망(battement)에 있어서는 두 다리가 공중에서 각각 따로 통과하기 위해 활 모양의 다리가 바닥에 닿기 전에 끝나야 하는데, 이 동작을 뮤지컬 코미디에서는 'hichkick'이라고 부른다.

땅 르베(temps levé)

르베(levé)는 '높이 올린다'는 뜻이므로, 그 자리에서 곧바로 높이 도약하는 동작을 말한다. 드미 쁠리에(demi-plié)로 시작해서 뛰어올랐다가 다시 드미 쁠리에로 끝난다.

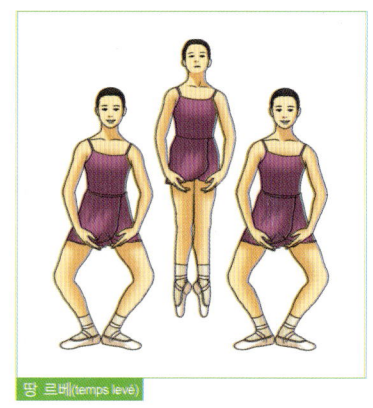

땅 르베(temps levé)

땅 르베 샤쎄(temps levé chassé)

왼발을 몸 뒤로 뻗은 채 오른발은 제4포지션으로 서서 도약한 뒤 오른발로 착지한 다음 왼발을 앞쪽으로 미끄러뜨린다. 또한 이 동작은 앞쪽에 둔 발을 뒤쪽으로 움직이면서 연기할 수도 있다. 다리가 미끄러져 지나가기 전에 비트가 첨가되면, 그 동작은 땅 르베 샤쎄 바뛰(temps levé chassé battu)라고 한다.

땅 리에(temps lié)

다음 장면들을 자연스럽게 이어주는 것, 부드럽게 연결된 일련의 동작을 일컫는다. 이 자세는 구부린 몸과 높이 올린 다리 그리고 회전으로 이루어진 다소 복잡한 동작이며, 타이밍과 스타일에 따라 약간의 차이점이 있다.

떼르미네 앙 생끼엠(terminé en cinquiéme)

생끼엠(cinquiéme)은 '다리의 제5포지션 동작'이며, 떼르미네(terminé)는 '끝난

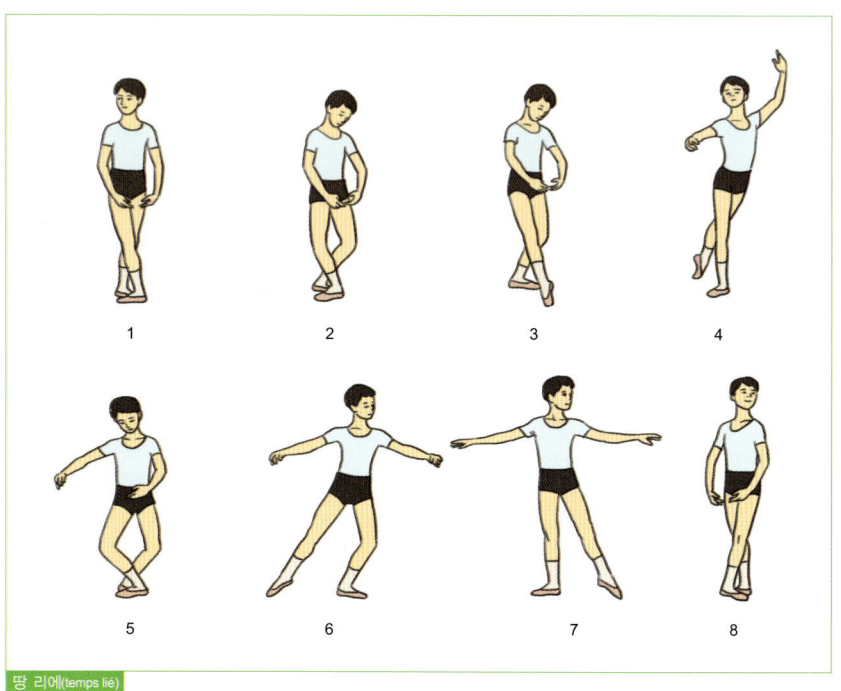

땅 리에(temps lié)

다'는 뜻이므로 '다리의 제5포지션으로 끝나라'는 의미이다.

떼르 아 떼르(terre à terre)

지면에서 지면으로 한쪽 발이 글리싸드(glissade)에서처럼 지면에 거의 붙어 있는 것을 말한다.

또르띠에 빠(tortille, pas)

'전신 또는 몸의 일부분을 비비 꼬는 동작'을 뜻한다. 예컨대 'tortille des banches'라고 하면 '허리 또는 궁둥이를 흔들며 걸어간다'는 뜻이 된다.

똔레(tonnelet)

18세기 무렵 당쐬르 노브르(danseur noble)가 입었던 짧은 형태의 스커트이다.

똥방(tombant)

'늘어뜨린다'는 뜻에서 전의(轉意)되어 '어깨를 내리고' 또는 '어깨의 힘을 빼고'라는 의미로 사용한다.

똥베(tombér)

'떨어지기'라는 뜻. 드미 쁠리에(demi-plié)를 하고 있는 한쪽 다리 위에서 떨어진다. 때때로 아디지오에서 사용되기도 하고, 알레그로 앙쉔느망(allegro enchinement) 연결 스텝 또는 준비 동작의 일부로 삽입되기도 한다. 어느 방향으로나 할 수 있다.

뚜르(tour)

'회전하는 빠'인 삐루에뜨(pirouerre)를 의미한다. 회전수를 말할 때 흔히 쓰인다.

뚜르네(tourner)

'돌리다, 돌다, 회전하다'라는 뜻이다.

뚜르느 앙슈(tourne-hanche)

양발을 상자 안에 고정시킴으로써 턴 아웃(turn-out) 기량을 향상시키려는 의도로 만들어진 18세기의 기계 장치이다. 그러나 이것은 의도한 바를 이루어내기는커녕 무릎과 발목 관절 등에 무리만 주었다.

뚜르(tour)

뚜르 데불레(tour débloulés)

공이 굴러가는 듯한 회전의 빠라고 해서 뚜르 쉐네(tour chaines)를 이렇게 부르기도 한다.

뚜르 드 렝(tours de rein)

높게 뒤쪽으로 등이 휘면서 도는 동작. 꾸뻬(coupé)와 연결되어 쥬떼 아나방(jeté en avant)의 연속 동작이다. 종종 앙 마네쥬(en manége)로 실시되는데, 이 때 무용수는 위로 높이 뛰어서 등을 크게 휘게 하고 쥬떼(jeté) 자세를 유지하며 공중에서 완전히 한 바퀴 돈다. 아띠뜌드(attitude)나 아라베스끄(arabesque)로 실시될 수도 있다.

뚜르 드 롤(tour de rôle)

독무(獨舞)를 추는 무용수가 역할을 나누어 맡을 때 쓰이는 용어이다. 임시 대역 배우는 단순히 긴급한 경우에 대비할 뿐 고정적으로 역할을 나눠 하지 않으므로 해당되지 않는다.

뚜르 드 마네쥬(tour de manége)

마네쥬(manége)는 말의 조련장이라는 의미. 말이 원형의 조련장을 도는 것처럼 무대를 크게 한 바퀴 도는 뚜르 쉐네(tour chaines)의 경우를 말한다.

뚜르 드 포르쎄(tour de forcer)

'힘의 회전'이라는 뜻. 힘차게 회전해야 하는 그랑 푸에떼(grand fouetté)나 그랑 드 삐루에뜨(grand pirouette) 등을 말한다.

뚜르 쉐네(tour chaines)

공이 돌면서 굴러가는 듯한 '회전 빠'라는 뜻. 오른발이 주축일 때는 오른쪽, 왼발이 주축일 때는 왼쪽으로 다리를 뻗은 채 돈다.

뚜르 앙 레르(tour en l'air)

'공중에서의 회전'이라는 뜻. 준비 동작을 거쳐 몸을 곧게 하고 공중으로 솟구쳐서 두 번 이상 회전한 다음 제자리로 내려서는 회전과 도약을 겸한 화려한 스텝이다.

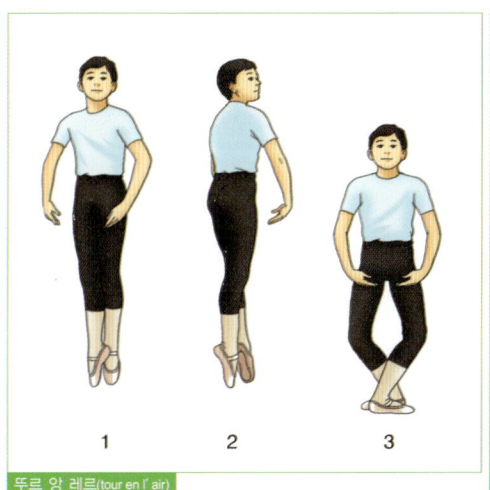

뚜르 앙 레르(tour en l'air)

뚜르 앙 레르 준비동작

뛰뛰(tutu)

상반신에 밀착된 흰색 상의에 겹채송화처럼 순백의 망사 천을 여러 장 겹친 스커트로 이루어진 발레 의상. 발레 로망띠떡끄를 발레 블랑(Ballet blanc)이라고 부를 만큼 로맨틱한 발레의 제복처럼 인식되고 있다. 무릎이 덮이도록 긴 뛰뛰를 로망띠떡끄라고 부르며, 그 뒤 무릎 위로 짧아진 뛰뛰를 클래씩끄라고 한다.

현대에 오면서 점점 짧아진 뛰뛰는 여성 무용수들의 다리와 동작을 화려하게 돋보이도록 했다. 다시 말해 뛰뛰의 길이는 여성 무용수들의 테크닉 발달과도 매우 밀접한 관계가 있는 것이다. 한편, 20세기 발레 예술의 개혁자 중 한 사람인 미하엘 포킨(Michel Fokine)은 이 의상을 일컬어 '뒤집은 우산'이라고 부르기도 했다.

뜨리뽀따쥬(tripotage)
영어의 'trick'과 같은 것으로 '계략' 또는 '눈가림'이란 뜻으로 사용되는 말이다.

ballet dictionary

발레 사전

ㄹ

라(rat)

본래의 뜻은 '생쥐'이나, 파리 오페라좌에서 애송이 무용수를 일컫는 애교 있는 별명으로 쓰인다.

라꾸르시(raccourci)

'짧게 하다'라는 뜻. 발끝을 바깥쪽으로 뻗은 채 무릎을 구부리고 앙 레르(en l'air) 할 때 허벅지를 다른 한쪽 다리의 무릎 위로 올려놓는 동작이다.

라마쎄(ramassé)

'차기'라는 뜻. 공중에서 발뒤축을 여러 번 마주치는 동작이다.

라바 기록법(Labanotation)

'발레 기록법' 중 하나. 헝가리 출신 안무가 루돌프 폰 라반(Rudolf von Laban)이 창안했다. 1928년 독일에서 시작되어, 미국과 독일에서 폭넓게 이용되어 왔다. 이것은 세로로 3줄의 직선을 그어 신체의 좌, 우, 중앙을 표시하고 그 움직임뿐만 아니라 방향과 빠르기까지 기록했다.

라 바야데르(La Bayadére)

1877년 작. 루드비히 민쿠스(Ludwig Minkus)의 음악에 마리우스 쁘띠빠(Marius Petipa)가 안무한 작품이다. 바야둘, 니카, 소롤의 삼각관계가 주요 내용으로 인도를 배경으로 한 신비로운 분위기가 돋보인다. 프랑스 출신 안무가 쁘띠빠가 러시아황실발레단을 위해 만들었고, 러시아 상트페테르부르크에서 초연되었다.

라이몬다(Raymonda)

1898년 작. 알렉산드르 글라주노프(Alexander Glazunov)의 음악에 마리우스 쁘띠빠(Marius Petipa)가 안무를 맡았다. 러시아의 전통이 살아 있는 3막 발레 작품으로, 러시아 모스크바 마린스키극장에서 러시아황실발레단이 초연했다. 당시 안무가 마리우스 쁘띠빠의 나이는 80세로, 말년의 대표작으로 손꼽힌다.

라일락 정원(Jardin aux Lilas)

1936년 작. 에르네스트 쇼송(Ernest Chausson)의 음악에 앤터니 튜더(Antony Tudor)가 안무를 맡은 심리극 발레 작품이다. 상류사회 남녀가 겪는 심리적 갈등을 주로 묘사했기 때문에 도약이 없고 분위기가 무거우며 무용수들의 몸짓이 매우 정교하게 전개된다. 영국 런던에서 램버트발레단이 초연했다.

랑 드오르(l'en dehors)

엉덩이의 턴 아웃. 반드시 발목이나 무릎으로부터가 아니라 엉덩이 관절 안에 다리 전체를 턴 아웃하는 것으로써 이루어져야만 한다.

랑베르쎄(renversé)

상체를 뒤로 넘어뜨린 상태로 회전하는 빠. 상체를 앞으로 굽혔다가 뿌엥뜨로 서면서 몸을 뒤로 젖히는 순간의 등 힘으로 회전하게 된다.

램버트발레단(Rambert Ballet)

1931년 영국 런던에서 설립된 발레단이다. 마리 램버트(Marie Rambert)가 창단을 이끌었는데, 이 발레단은 영국에서 최고(最古)의 역사를 자랑하며 오늘날에 이르고 있다. 영국의 무용가와 안무가들이 멋진 작품들을 제작했던 1930년대, 대중에게 큰 감명을 안겨주었으며 로열발레단(The Royal Ballet)이 설립되는 데도 영향을 끼쳤다.

러시아발레단(Russia Ballet)

1909년 프랑스 파리에서 설립된 발레단이다. 세르게이 디아길레프(Sergei Diaghilev)가 핵심적인 역할을 담당했으며, 현대 무용의 영향을 받아 모던발레단의 선구자 역할을 했다.

러시아(Russia)의 발레

러시아에서 발레가 태동하기 시작한 것은 17세기 무렵이었다. 당시 피터 대제가 프랑스의 루이 14세처럼 무용을 장려한 것이 계기가 됐던 것이다. 그 후 안나 이바노브나 여제 시대부터 러시아 발레는 본격적으로 발전했다. 그 무렵 상트페테르부르크에 무용 학교가 설립되었고, 그것이 마린스키극장으로 진화했다. 아울러 1825년에는 볼쇼이극장도 개장해 러시아는 점점 발레의 중심 국가 중 하나로 입지를 다져 나갔다. 그리하여 마침내 19세기 후반 발레 쇠퇴기에는 러시아가 홀로 전성기를 누리기에 이르렀다. 그 같은 성공의 바탕에는 프랑스의 뛰어난 안무가와 발레 교사, 이탈리아의 일급 무용수들을 초빙하는 데 투자를 아끼지 않았던 열린 자세가 큰 영향을 끼쳤다. 러시아 발레 발전의 가장 큰 공로자로는 마리우스 쁘띠빠(Marius Petipa)와 엔리코 체케티(Enrico Cecchetti), 아그리피나 바가노바(Agrippina Vaganova) 등을 손꼽을 수 있다.

런던페스티벌발레단(London Festival Ballet)

1950년 영국 런던에서 설립된 발레단이다. 매년 런던에서 정기 공연을 개최하며, 유럽 각국을 비롯해 미국과 남미 국가 등으로 순회공연을 다닌다.

런지(lunge)

제4포지션에서 양발을 넓게 벌린 채 한쪽 다리는 구부리고 다른 한쪽 다리는 곧게 편다. 삐루에뜨(pirouette)를 위한 준비 포지션으로 활용되고는 한다.

레베랑쓰(révérence)

공연이나 연습이 끝났을 때 한쪽발을 뒤로 빼고 무릎을 굽히는 절과 가볍게 머리 숙이는 식의 인사이다.

레뻬띠씨용(répétition)

흔히 대중에게 공개되는 최종 예행연습을 말한다.

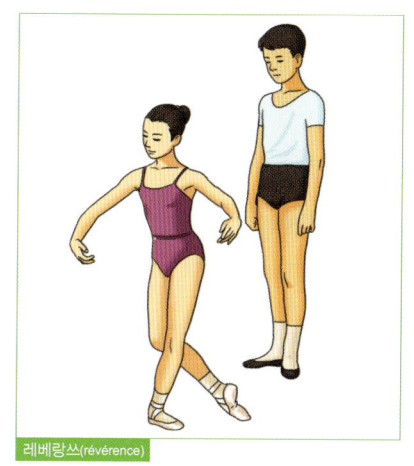
레베랑쓰(révérence)

레 실피드(Les Sylphides)

1909년 작. 프레데리크 쇼팽(Frédéric Chopin)의 음악에 미하엘 포킨(Michel Fokine)이 안무를 맡은 발레 작품이다. 젊은 청년이 처녀들의 영혼과 춤을 추는 이야기이다. '레 실피드'는 '공기의 요정'이란 뜻이며, 이 작품과 더불어 근대 발레의 역사가 시작된 것으로 평가받는다.

레오타드(leotard)

아래위가 붙은 형태로 소매가 없고 몸

레오타드(leotard)

에 꽉 끼는 옷을 말한다. 신축성이 뛰어난 천으로 만들어서 무용수의 몸을 보호한다. 프랑스 곡예사 줄 레오타드(Jules Léotade)에 의해 발명되어 그의 이름을 따서 명명했다. 요즘은 변형이 이루어져 손목에서 발목까지 몸 전체를 덮는 경우도 있다.

레지쐬르 제네랄(régisseur général)
무대 감독을 뜻한다.

레퍼토리(repertory)
발레단이 무대 위에서 공연할 수 있는 발레 작품의 목록을 말한다. 음악이나 연극 등에도 폭넓게 쓰이는 용어이다. 프랑스어로는 레버뜨와르(répertoire)라고 한다.

로따씨용(rotation)
영어의 'rotation'과 같은 뜻. '돌린다'는 의미로, 다리는 아라베스끄(arabesque)로 시작해서 2번 혹은 4번 위치의 앞으로 끝난다.

로미오와 줄리엣(Romeo and Juliet)
1940년 작. 프로코피에프(Prokofiev)의 음악에 라브로프스키(Lavrovsky)가 초연 안무를 맡았다. 비극적인 사랑의 투쟁을 다룬 셰익스피어의 희곡을 바탕으로 만들어져, 러시아 상트페테르부르크에서 키예프발레단이 초연했다. 그 후 1958년 그랜코(Granco)와 1965년 맥밀런(Macmillan)이 안무한 작품이 세계적으로 큰 사랑을 받았다.

로베르트 슈만의 '다비드의 동맹'(Robert Schumann's 'Davidsbündlertänze')

1980년 작. 로베르트 슈만(Robert Schumann)의 음악에 조지 발란신(George Balanchine)이 안무를 맡았다. 작곡가 슈만의 에피소드를 엮은 단막 발레 작품으로, 미국 뉴욕주립극장에서 뉴욕시티발레단이 초연했다.

로열발레단(The Royal Ballet)

1931년 영국 런던에서 설립된 발레단이다. 현재 1백여 명의 단원으로 구성된 세계적인 발레단으로 마고트 폰테인(Margot Fonteyn)과 모이라 시어러(Moira Shearer) 등 유명 발레리나들을 배출했다. 한국과는 1978년 내한해 세종문회회관 개관 기념으로 〈백조의 호수〉를 공연한 인연이 있다.

로와이얄르(royale)

양발의 자세가 변하기 전에 양쪽 장딴지가 함께 부딪치는 샹즈망(changement)이다.

로잔발레콩쿠르(Le Prix de Lausanne)

1972년에 창설되었고, 스위스 로잔에서 대회가 개최된다. 세계 5대 발레 콩쿠르 중 유일하게 10대(15~18세)만을 대상으로 한다. 해마다 30개 안팎의 국가에서 200여 명의 새내기 무용수들이 참가해 자웅을 겨룬다.

로진(rosin)

미끄러지지 않게 하기 위하여 슈즈에 바르는 파우더를 말한다.

로진(rosin)

롤랑쁘띠발레단(Roland Petit Ballet)

1948년 프랑스 파리에서 설립된 발레단이다. 프랑스의 무용수 겸 안무가 롤랑 쁘띠(Roland Petit)가 만들었다.

롱 드 브라(rond de bras)

팔의 회전을 말한다.

롱 드 장브(rond de jambe)

한쪽 발로 서서 다른 한쪽 발로 마루 위에 반원형을 그리는 동작을 말한다.

롱 드 장브 뚜르(rond de jambe tour)

여성이 추는 푸에떼 앙 뚜르낭(fouetté en tournant)을 이렇게 부르기도 한다.

롱 드 장브(rond de jambe)

롱 드 장브 빠 떼르(rond de jambe par terre)

바(barre)에서 하는 최초의 회전 동작이다. 움직이는 다리는 원형을 그리면서, 몸을 지탱하는 다리로부터 멀리 보낸다. 앙 드오르(en dehors)는 앞에서 뒤로 이어 돌리고, 앙 드당(en dedans)은 뒤에서 앞으로 돌린다.

롱 드 장브 아 떼르(rond de jambe à terre)

한쪽 다리를 제1포지션에서 앞뒤로 반원을 그리는 빠이다. 뒤꿈치를 모으고 시작 포지션으로부터 앞으로 그 다음 옆과 뒤로 발을 뻗은 채 움직여간다. 이 때

여전히 다리를 편 상태에서 바닥에 앙 드오르(en dehors)로 반원을 그리게 된다. 그 뒤 양쪽 뒤꿈치를 지면에 닿게 하며 뻗었던 발을 다른 발 가까이에서 마무리한다. 이 동작은 거꾸로 실행할 수도 있다.

롱 드 쟝브 아 떼르(rond de jambe à terre) 2

롱 드 쟝브 아 떼르(rond de jambe à terre) 1

롱 드 쟝브 앙 레르(rond de jambe en l'air)

한쪽 발로 공중에서 타원을 그리는 롱 드 쟝브이다. 한쪽 발을 다른 쪽 다리의 종아리 높이까지 옆으로 올리고, 올린 다리의 무릎은 곧게 편다. 그 다음 발을 올린 지점과 다른 쪽 종아리 사이에서 올린 다리의 윗부분을 움직이지 않은 채 평평한 타원을 발로 그린다.

루이 14세(Louis XIV)

프랑스 부르봉왕조의 왕으로 1643년~1715년까지 재위했다. 절대 왕정의 대표적

롱 드 장브 앙 레르(rond de jambe en l'air) 1

롱 드 장브 앙 레르(rond de jambe en l'air) 2

인 전제 군주였지만, 누구보다 발레를 이해한 후원자이기도 했다. 1661년에는 무용수 양성 기관인 왕립무용학교를 설립하기도 했는데, 이것이 오늘날 파리오페라극장의 전신이다.

르뀔랑(reculant, en)

'뒤로 차기'라는 뜻. 'passes' 할 때 완전히 뒤로 차는 다리의 동작을 가리키는 프랑스 발레학교의 전문 용어이다. 예컨대 아쌍블레 르뀔랑(assemblé & en reculant)이 있다.

르띠레(retiré)

움직이는 다리의 발을 뿌엥뜨(pointe) 해서 무릎 밑까지 올리는 동작이다. 이 연습의 목적은 무용수의 무릎 높이를 찾기 위한 것이다.

르띠레(retiré) 1

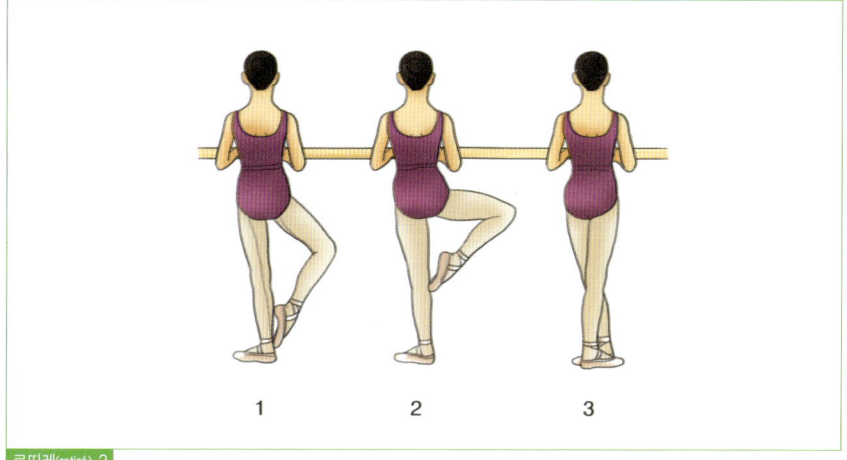

르띠레(retiré) 2

르띠레 땅(retiré temps)

'빼는 동작'이라는 뜻. 발의 스꽁드 뿌지씨용 앙 레르(second position en l'air)에서 발끝은 곧게 편 채 허벅지를 지탱하는 다른 한쪽 다리의 앞 또는 뒷무릎 높이까지 드는 동작이다. 땅(temps)은 '가볍게 몸을 다른 곳으로 옮겨 가는 운동 또는 스텝으로서 빠(pas)의 부분 동작'이라고 이해하면 된다.

르띠레 소떼 빠쎄(retiré sauté passé)

앞에서 뒤쪽으로 스치면서 움츠려 뛰거나, 또는 역방향으로 한다. 양발로 뛰어오르며, 이때 움직이는 다리는 무릎 높이까지 가져와서 무릎을 지나 양발로 착지한다. 이 동작은 뿌엥뜨(pointe)로 를르베(relevé)와 함께 실시한다.

르쏭(lecon)

'무용수가 되기 위한 수련'의 의미. 흔히 이야기하는 영어의 'lesson'에 해당되는 말이다. 발레 훈련은 16~17세기 프랑스 궁정에서 유행하던 사교댄스로부터 발전하여 점차 오늘날과 같은 체계로 구체화되었다.

르코르세르(Le Corsaire)

1856년 작. 아돌프 아담(Adolph Adam)과 세자르 푸니(Cesare Puni)의 음악에 조셉 마질리어(Joseph Mazilier)가 안무를 담당한 작품이다. 노예로 팔려가는 그리스 소녀에 관한 바이런(Byron)의 시 〈해적(The Corsair)〉에 기초하여 만들어졌다. 프랑스 파리오페라극장에서 초연된 3막 발레이다.

를르베(relevé)

'쳐든다'는 뜻. 땅(temps)으로 쓰인다. 드미 쁠리에 자세에서 발뒤꿈치로 강하게 바닥을 누르면서 자연스럽게 드미 쁠리에 자세로 돌아온다

를르베(relevé)

리브레또(libretto)

발레의 줄거리 또는 플롯의 개요를 적은 것을 말한다.

린뉴(ligne)

'선(線)'이라는 뜻. 무용수가 어떤 스텝이나 포즈를 잡을 때 그의 머리속에 떠오르는 어깨, 목, 가슴, 팔다리 등의 윤곽을 가리킨다.

ballet dictionary

발레 사전

ㅁ

마거리트와 아먼드(Margurite and Armand)

1963년 작. 프란츠 리스트(Franz Liszt)의 음악에 프레드릭 애쉬튼(Frederick Ashton)이 안무를 담당했다. 자칫 비극적으로 끝날 뻔했던 연인의 사랑을 극적으로 그려낸 작품이다.

마르세이유국립발레단(Ballet National de Marseille)

1972년 프랑스에서 창단된 발레단이다. 안무가 롤랑 쁘띠(Roland Petit)가 만들어 26년 동안 예술감독직을 맡았다.

마린스키극장(Mariinskii Teatr)

러시아 상트페테르부르크에 위치한 오페라 극장. 1960년에 설립되었으며, 〈잠자는 숲 속의 미녀〉 등 명작 발레들이 공연되었다.

마이죠(maijot)

타이츠(tights)의 발명자 이름을 따서 프랑스에서는 타이츠를 마이죠라고 한다. 마이죠는 19세기 초 파리국립오페라극장의 의상 담당 직원이었다.

마임(mime)

무용극에서 몸짓과 얼굴 표정만으로 하는 묵극(默劇) 부분을 말한다. 즉, 마임은 무용수가 관객에게 전하고자 하는 기분, 느낌, 이야기 등을 말로 하지 않고 몸으로 표현한다. 마임은 무용수의 신체 모든 부분을 자유롭게 이용할 수 있다. 꾸준한 발레 연습은 신체 각 부위가 정확하고 안정된 동작을 할 수 있게 해주어 무용수의 생각을 쉽게 마임으로 표현할 수 있도록 한다. 한마디로 마임은 발레 동작을 더욱 아름답게 만들며, 관객에게 색다른 표현의 기쁨을 안겨주는 것이다.

마임 연습(mime work)

누구나 발레 연습을 시작하면서 하나하나 마임 연습을 하게 된다. 그와 같은 연습은 발레를 이해하는 데 도움이 되며, 관객들에게 메시지를 전하는 데도 매우 효과적인 방법이다. 흔히 마임 연습에는 두 가지가 강조된다. 그중 하나는 '상상력'이다. 무용수는 평소 거울을 보면서 자신이 맡은 배역이 어떻게 움직이며 걷고 서는지 반복적으로 상상해야 관객들에게 실제 그 인물처럼 보일 수 있다. 그리고 다른 한 가지는 '관찰력'이다. 무용수는 일상생활 속에서 자신이 연기하는 인물의 행동을 유심히 관찰하는 습관을 들여야 좀더 실감나는 표현력을 보일 수 있다.

마킹(marking)

전력을 다하지 않고 춤을 추는 것으로, 어떤 동작을 암시해 준다. 무용수들은 리허설에서 지나친 체력 소모를 방지하기 위해, 또 동료 무용수들에게 동작을 재빨리 알려주기 위해 스텝들을 마킹하는 경우가 있다. 예컨대 무용 동작의 윤곽을 대충 그리거나 양손으로 다리가 어떤 연기를 펼쳐야 하는지를 흉내 내는 식이다. 프랑스어로는 '마르께(marquer)'라고 한다.

말괄량이 길들이기(The Taming of the Shrew)

1969년 작. 쿠르트 슈톨츠(Kurt Stolze)의 음악에 존 크랭코(John Cranko)가 안무를 맡아 독일 슈투트가르트 뷔텐베르기세극장에서 슈투트가르트발레단에 의해 초연됐다. 셰익스피어(Shakespeare)의 희극을 각색하여 만든 2막 발레 작품이다. 전체적으로 밝고 현란한 분위기이며, 무용수들의 표정과 동작이 익살스럽다.

머리(head)

무용수가 아름다운 동작을 연기하는 데 머리와 팔의 조화는 필수적이다. 이를테면 눈은 팔의 움직임을 끝까지 따라다녀야 하므로 머리를 똑바로 향하도록 해야 하는 것이다. 무용수는 긴장과 부자연스러움을 피하고 머리를 몸의 균형 위에 편하게 움직여야 한다.

머리의 동작 연습

우선 양손을 가볍게 어깨에 놓고 앞쪽에 목표점을 정한다. 그 다음 얼굴은 목표점을 향한 채 발의 방향을 조금 바꿔 목표점에서 눈을 떼지 않고 몸을 돌리기 시작한다. 그리고 최대한 목표점을 보고 있다가 단번에 머리를 회전시켜 반대편으로 돌린다. 마지막으로 눈은 다시 목표점을 응시한 채 몸을 정면으로 돌린다. 이 동작을 반대 방향으로 반복해 연습한다.

머리의 동작 연습

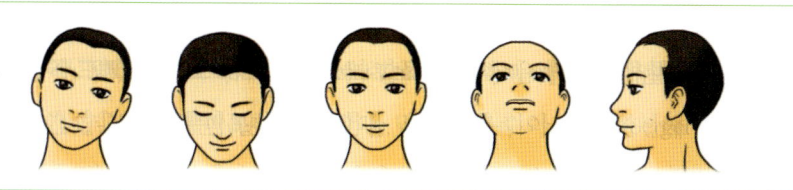

머리의 포지션

머리의 포지션
무용수가 연출의 다양성을 위해 머리의 다양한 변형을 준다.

메디아(Media)
1950년 작. 발톡(Bartók)의 음악에 컬버그(Cullberg)가 안무를 담당했다. 고대 그리스의 전설을 기초로 사랑과 복수를 주제로 한 작품이다. 원래 '메디아'는 그리스 신화에 나오는 젊고 아름다운 마녀이다.

메소드(method)
'기법, 방법'이라는 뜻이다. 에꼴(école), 스쿨(school), 스타일(style)을 의미한다.

메이 비(May B)
1981년 작. 마기 마랭(Maguy Narin)이 안무를 맡은 발레 작품으로, 작가 사무엘 베케트(Samuel Beckett)의 〈고도를 기다리며(En Attendant Godot)〉를 소재로 삼아 인간 소외와 존재에 대한 의문을 무대 예술로 승화시켰다. 프랑스 크레테이유 문화예술회관에서 초연되었다.

메이얼링(Mayerling)
1978년 작. 프란츠 리스트(Franz Liszt)의 음악에 케네스 맥밀런(Kenneth

Macmillan)이 안무를 맡았다. 1889년에 권총 자살한 오스트리아 – 헝가리제국 루돌프 황태자의 일생을 그린 3막 발레 작품으로, 영국 런던오페라하우스에서 초연됐다.

메이크업

1. 파운데이션
2. 아이섀도우
3. 눈썹과 파우더
4. 볼
5. 눈화장
6. 아이라인
7. 인조 속눈썹과 이마
8. 입술 순서로 진행한다

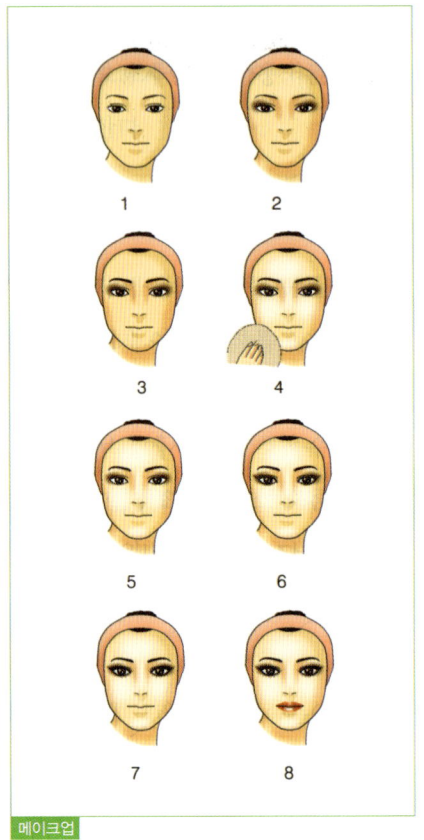

메이크업

메트르 드 발레(maitre de ballet)

발레단의 훈련 교사 겸 안무가를 뜻하는 용어. 영어의 발레 마스터(ballet master)에 해당한다.

모나코왕립발레단(Les Ballet de Monte Carlo)

1909년 창단된 발레단이다. 러시아 출신 안무가 세르게이 디아길레프(Sergei Diaghilev)가 모나코에 정착시킨 발레뤼스(Ballets Russes)를 발판으로 성장했다. 레오니드 마신(Leonide Massine), 조지 발란신(George Balanchine) 같은 유명 안무가들에 의해 세계적인 수준으로 성장했으며 클래식발레에서 모던발레까지 다양한 레퍼토리를 자랑한다.

모던발레(modern ballet)

금세기의 발레 형태. 전통적인 형식에서 벗어나 새로운 감각으로 개성적인 표현을 추구하는 발레이다. 젊음과 패기가 분출되는 활달한 춤을 통해 현대인의 생각과 감성을 자유롭게 담아낸다. 음악, 연극, 민속무용, 심지어 서커스까지 적극적으로 받아들여 볼거리가 더욱 풍성해졌다.

모스크바국제발레콩쿠르(Moscow International Ballet Competition)

1969년 창설되어 4년에 한 번씩 열리는 국제 대회로 '발레 올림픽'으로 불린다. 마리나 시미노바(Marina Semyonova)에게 헌정하는 콩쿠르로 만들어졌다. 시미노바는 러시아의 클래식 무용수로 아그리피나 바가노바(Agrippina Vaganova)를 통해 교육받은 첫 번째 무용수였다.

목신의 오후(L' Aprés-midi d' un faunne)

1912년 작. 말라르메(Mallarmé)의 시를 바탕으로 한 드뷔시(Debussy)의 음악을 니진스키(Nijinsky)가 안무한 작품이다. 목신이 어느 여름 오후에 플롯을 불다가 아름다운 처녀와 사랑에 빠진다는 내용으로, 프랑스 파리 샤트레극장에서 초연되었다.

몸을 움직이는 구조

몸의 골격을 이루는 것은 뼈(born)와 관절(joint)이다. 즉, 스스로의 힘으로 움직이는 것이 아니라 신경계의 지시를 받은 근육계의 제어와 조정에 의해 움직여지는 것이다. 뼈는 쿠션 역할을 하는 연골에 싸여 있고, 관절낭 안쪽에는 관절 전체의 움직임을 매끄럽게 하는 활액(synovial fluid)이라는 점액이 들어 있다. 관절은 뼈와 뼈 사이의 연결 부위로 움직임이 일어나는 장소이다. 관절의 종류에는 몇 가지가 있는데, 무용수들과 가장 관련이 깊은 것은 비교적 운동 범위가 넓은 사지형관절(freely movable joint)이다.

몸의 움직임을 이해하는 데 필요한 전문 용어

무용수는 몸의 움직임을 이해하는 데 필요한 몇 가지 해부학 용어를 이해할 필요가 있다. 우선 방향을 나타내는 용어. '전방(anterior)'은 '앞으로'라는 뜻이다. '후방(posterior)'은 '뒤로'라는 뜻이다. '외측(lateral)'은 '몸의 중심에서 멀리, 바깥쪽으로'라는 뜻이다. '내측(medial)'은 '몸의 중심을 향해, 안쪽으로'라는 뜻이다. 다음은 움직임을 나타내는 용어. '굴곡(flexion)'은 '구부리기'라는 뜻이다. '신전(extension)'은 '뻗기'라는 뜻이다. '회전(rotation)'은 '뼈의 중심축에 따라 돌기'라는 뜻이다. '외전(abduction)'은 '몸의 정중선에서 멀어지기'라는 뜻이다. '내전(adduction)'은 '몸의 정중선으로 다가가기'라는 뜻이다. '구부리기'처럼 해부학 전문가나 무용수가 같은 의미로 사용하는 용어도 있지만 그렇지 않은 경우도 있기 때문에 주의가 필요하다.

몽떼(monter)

일곱 가지 무용의 동작을 말한다. 체케티 메소드에서는 무용에 일곱 가지 동작이 있다고 배운다. 즉, 쁠리에(plié, 구부리기), 에땅드르(étendre, 뻗기), 를르베(relevé, 쳐들기), 소떼(sauté, 도약하기), 엘랑쎄(élancé, 돌진하기), 글리쎄(glissé, 미끄러지기), 뚜르네(tourner, 돌기)가 그것이다. 이러한 분류는 초보자가 스텝을 더욱 쉽게 분석하도록 해주며, 자신의 동작에 명확성을 부여하도록 돕는다.

무게중심과 축

무용수 몸무게의 중간점이 무게중심이다. 즉, 무게중심은 신체의 모든 부분이 서로 균형을 이루고 있을 때 바로 그 중간점을 의미한다. 아울러 무게중심을 똑바른 각도로 지나가는 상징적인 수직선을 중심선이라고 한다. 한편 축이란, 동체(動體)를 지나가는 선이다. 몸 전체가 수직을 이룰 때는 중심선과 겹친다. 몸이 중심선에서 벗어나게 되었을 때, 무용수로 하여금 계속해서 체중이 무게중심 및 중심선과 연관되도록 하는 것이 축의 개념이다.

무릎의 부조화

무용수의 무릎은 자칫 치명적인 손상을 입을 수 있다. 만약 무릎이 대퇴골의 회전에 따라 일직선상에 놓이지 않으면, 무릎을 견고하게 하는 인대들이 뻗쳐서 보호 능력을 잃어버린다. 무릎은 발이 같이 움직이지 않을 때 바깥쪽으로 향해서는 안 되고, 발이 바깥쪽을 향하고 있는 동안 안쪽으로 들어오려고 해서도 안 된다.

무브망(mouvement)

움직임, 즉 동작을 뜻하는 용어. 움직임의 최소 단위인 땅(temps)을 '무브망'이라고 부르는 것이 가장 정확한 표현이다.

무어인의 파반느(The Moor's Pavane)

1919년 작. 헨리 퍼셀(Henry Purcell)의 음악에 호세 리몽(José Limón)이 안무를 담당했다. 4명의 댄서가 등장해 사랑과 질투를 묘사하는 작품으로, 미국 코네티컷 대학교 대강당에서 초연됐다. '파반느(pavane)'는 16~17세기 유럽에서 유행했던 궁정 무곡을 말한다.

무용과 발레에 관한 편지(Letters on Dancing and Ballets)

1760년 장 조르주 노베르(Jean-Georges Noverre)가 발표한 무용 미학에 관한 서한체 논문이다. 발레의 위상을 높여준 저술로 평가받는다.

무용수의 발

무용수의 발은 유연성이 요구된다. 발레 연습은 발을 강하게 하고, 아킬레스건은 발을 쉽게 휘도록 해준다. 아킬레스건은 근육 끝의 인대 조직으로 종아리에서 뒤꿈치까지 연결되어 있다. 발등이 휘면 아킬레스건은 가늘어진다. 발을 움직이는 대로 아킬레스건의 움직임을 느낄 수 있다.

무용수의 자세

무용수의 좋은 자세를 결정하는 것은 척추의 바른 배열이다. 커다란 뼈로 이루어진 머리와 흉곽, 골반이 마치 벽돌을 쌓아놓은 것처럼 위아래로 겹쳐 다리 위에 차곡차곡 배열된다. 아울러 흉곽 위에는 견갑대가 마치 얹어놓은 듯이 걸려 있다. 이와 같은 균형 잡힌 뼈의 배열은 몸의 가운데를 통과하는 무게중심선을 만든다. 더불어 이 무게중심선의 양쪽은 서로 균형을 이루고 있다.

무용수의 정확한 호흡을 위한 준비 운동

우선 가슴이 옆으로 확장되고 횡격막이 쉽게 부풀도록 허용하는데, 지나치게 채워지지 않도록 주의하면서 숨을 들이쉰다. 그리고 횡격막이 가슴을 받치게 하기 위해 위축되도록 하면서 숨을 내쉰다.

무용수의 호흡

무용수는 가슴으로 숨을 쉬지 않아야 한다. 가슴은 언제든 움직일 수 있게 조용히 유지되어야 한다. 복부는 절대 이완되거나 수축되지 않고 차분하게 있어야 한다. 즉, 긴장 상태에 있어야 한다는 말이다. 늑골은 위쪽으로 올려질 수 있으며 동시에 옆과 바깥쪽으로 확장될 수 있다. 또는 숨을 내쉴 때 늑간과 보조 호흡 근육 및 횡경막의 움직임에 의해 아래쪽으로 이완되거나 안쪽으로 위축될 수 있다. 가슴은 흉골의 움직임에 따라 전방, 후방, 측방으로 확장될 수 있다.

무용의 변화

현대무용은 클래식발레의 형식에서 벗어나 보다 자유로운 동작으로 감정을 표현하고 의미를 전달하려 한다. 따라서 기존의 발레 동작들은 새로운 포지션과 자세, 가능한 몸의 변형들로 여러 가지 다양한 변화를 가져왔다. 심지어 바닥에서 구르거나 레슬링을 하는 듯한 자세를 연출하기도 하는 것이다. 무용수들은 현대무용을 배우는 동안 실험적인 충동으로 감정이 격앙되기도 한다. 그 과정을 통해 활발한 상상력으로 새로운 동작을 창조해내 실제 공연에서 관객들에게 새로운 감동을 안겨주는 것이다.

뮤직 디렉터(music director)

발레단의 음악 감독을 말한다. 수준급 음악 감독은 단순한 지휘자의 역할을 넘어 무대의 전반적인 음악 수준과 품질을 책임진다. 또한 안무가에게 알맞은 작곡가나 적합한 음악을 제안하는 등 음악과 관련된 모든 문제를 주시한다.

미국(United States of America)의 발레

미국에 발레가 알려지기 시작한 때는 18세기 후반이었다. 그 후 미국 발레는 1930년대 들어 조지 발란신(George Balanchine)의 노력으로 독자적인 양식을 보일 정도로 발전했다. 그는 세르게이 디아길레프(Sergei Diaghilev) 등과 함께 쌓은 자신의 경험을 바탕으로 1935년 뉴욕에서 활동을 시작했다. 오늘날에도 미국 발레는 아메리칸발레시어터(American Ballet Theater)와 뉴욕시티발레단(New York City Ballet)을 중심으로 활발한 활동을 펼치고 있다.

미국잭슨국제발레콩쿠르(USA International Ballet Competition)

1979년 첫 대회를 시작으로 1982년부터는 4년마다 열리는 대회로, 미국 미시시피 주 잭슨에서 개최된다. 그 규모와 수준이 세계적이라 모스크바국제발레콩쿠르와 함께 '발레 올림픽'으로 불린다.

미뉴에트(minuet)

프랑스에서 시작되어 17~18세기 무렵 유럽을 무대로 보급되었던 무용과 그 무곡(舞曲)을 일컫는 말이다. 4분의 3박자에 우아한 표현력이 특징으로, 프랑스에서는 루이 14세 때 공식 궁정무용이 되었다. 장 밥티스트 륄리(Jean Baptiste Lully)가 미뉴에트를 발레에 도입했다.

미러 댄서(mirror dancer)

오로지 연습실 벽을 덮은 거울을 들여다보면서 모든 동작을 연습한 무용수를 묘사하기 위해 동료들이 만들어낸 품위가 떨어지는 용어이다. 미러 댄서는 동료 무용수들의 생각이나 감정을 이해하기 어렵다.

미믹끄(mimique)

무용극에서 드라마 전개를 위한 설명 부분의 연기를 미믹끄라고 한다. 무용극은 몸짓으로만 표현해야 하기 때문에 미믹끄에는 약속된 의미의 동작 언어가 있다.

ballet dictionary

ㅂ 발레 사전

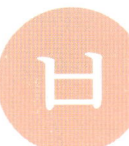

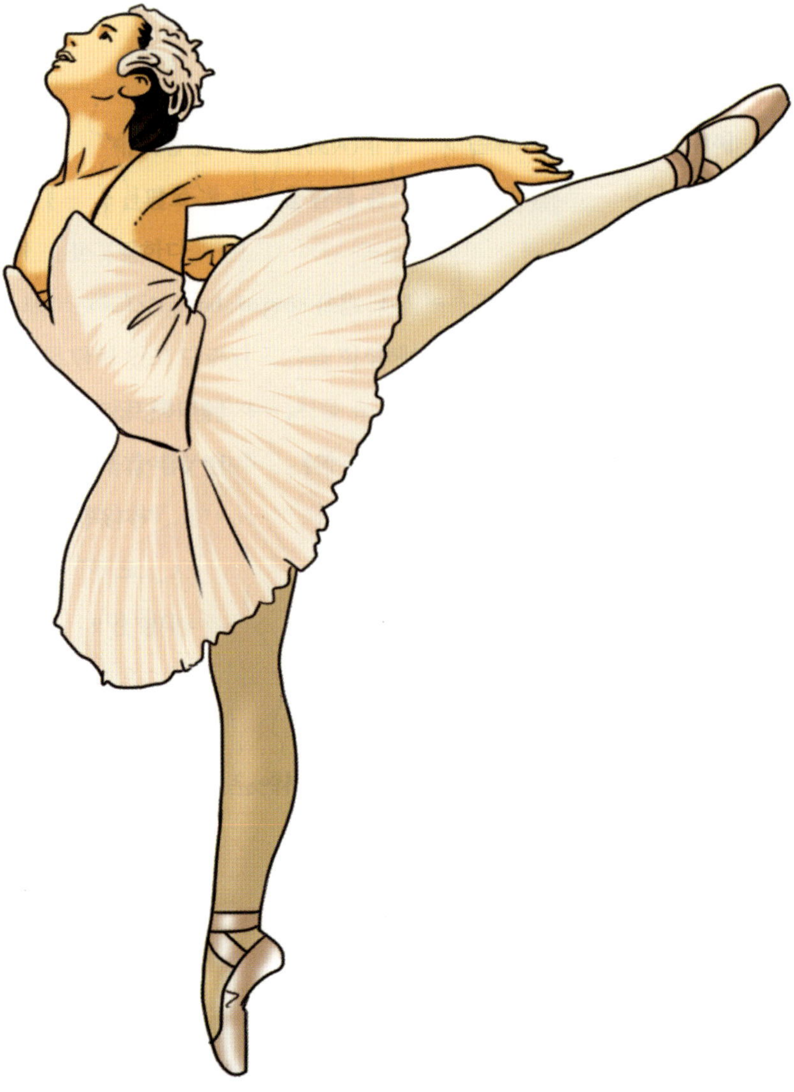

바(barre)

무용 스튜디오 벽에 몸의 균형을 잡기 위해 설치한 수평봉을 말한다.

바가노바 메소드(Vaganova method)

러시아의 무용 교사 아그리피나 바가노바(Agrippina Vaganova)가 창안한 발레 교육법이다. 보통 러시아파 발레를 바가노바파 또는 바가노바 메소드라고 할 정도로 큰 영향을 끼쳤다. 바가노바 메소드는 섬세하고 정확성에 중점을 두는 것이 특징으로 무용수의 내면과 표현력을 강조한다. 바가노바 메소드는 흔히 클래식발레의 문법(文法)으로 통한다.

바뛰(battu)

'서로 맞부딪친다'는 뜻. 이 용어가 어떤 스텝에 붙여질 때는 동작이 근본적으로 변하는 것을 뜻하는 것이 아니라, 단지 그 스텝을 하는 동안 종아리가 함께 비트되는 것을 말한다. 아울러 두 다리의 배열이 바뀌는 것을 의미할 수도 있다.

바뜨리(batterie)

공중에서 두 다리를 엇갈리게 치는 동작으로 여러 가지 형태가 있다.

바뜨망(battement)

'두드리기, 부딪치기'라는 뜻. 제5포지션에서 한쪽 발을 앞, 뒤, 옆으로 들었다가 내리는 동작을 말한다. 무용수는 한쪽 다리와 무릎을 곧게 펴고 다른 쪽 다리에서 멀어지도록 움직인다.

바뜨망 글리쎄(battement glissé)

움직이는 다리를 미끄러지듯이 내미는 동작을 말한다. 제1포지션, 제5포지션에서 시작하여 앞, 옆, 뒤로 실시할 수 있다. 움직이는 발을 바닥에 강하게 문지르듯이 미끄러뜨려 약 3센티미터 정도 들어올렸다가 다시 들어온다.

바뜨망 데가제(battement dégagé)

한쪽 다리를 뻗은 때 발끝을 지면에서 약 10.2센티미터 가량 띄우고 제1포지션, 제5포지션으로 미끄러지듯이 되돌아간다.

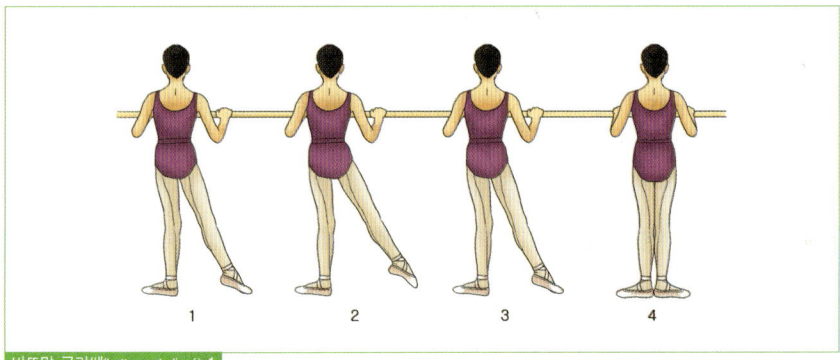

바뜨망 글리쎄(battement glissé) 1

바뜨망 글리쎄(battement glissé) 2

바뜨망 글리쎄(battement glissé) 3

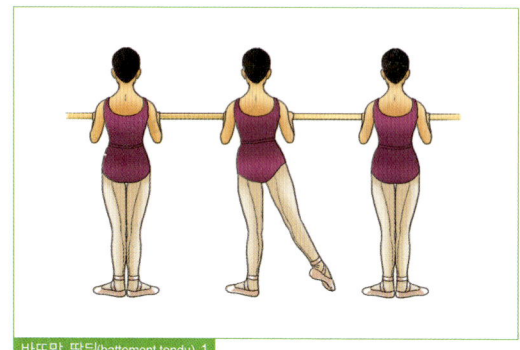
바뜨망 땅뒤(battement tendu) 1

바뜨망 땅뒤(battement tendu) 2

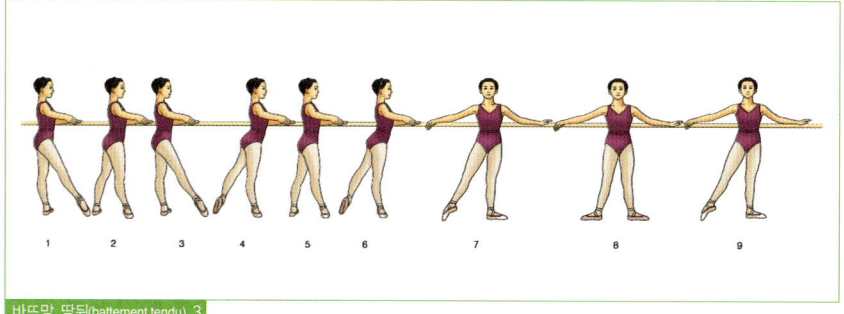
바뜨망 땅뒤(battement tendu) 3

바뜨망 땅뒤(battement tendu)

'뻗는다, 펼치다'라는 뜻. 한쪽 발을 무릎을 편 채 밀어낸다. 이때 발끝을 바닥에서 떼지 않는다.

바뜨망 땅뒤 데리에르(battement tendu derriére)

바뜨망 땅뒤 자세에서 한쪽 다리를 뒤쪽으로 곧게 펴서 들어 올리는 자세이다.

바뜨망 땅뒤 드방(battement tendu devant)

바뜨망 땅뒤 자세에서 한쪽 다리를 앞쪽으로 내밀면서 무릎을 곧게 펴는 자세이다.

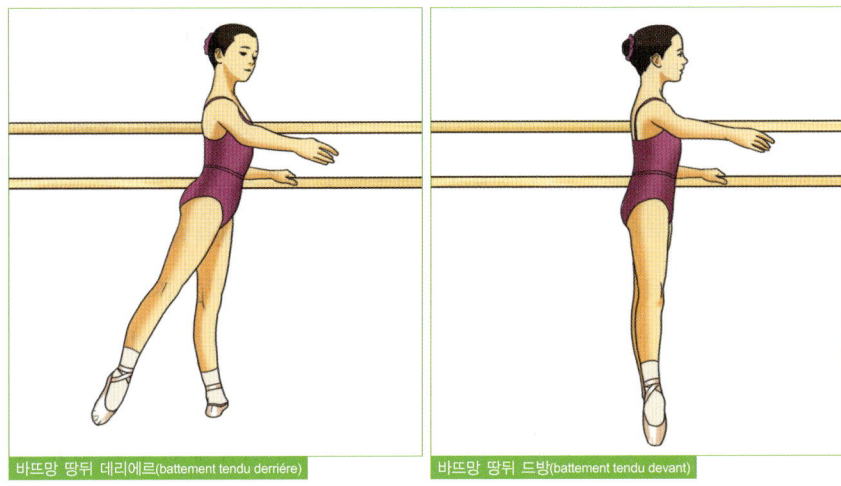

바뜨망 땅뒤 데리에르(battement tendu derriére)

바뜨망 땅뒤 드방(battement tendu devant)

바뜨망 땅뒤 쑤뜨뉘(battement tendu soutenu)

뻗은 다리의 발끝부터 머리끝까지 일직선이 되게 하는 자세이다.

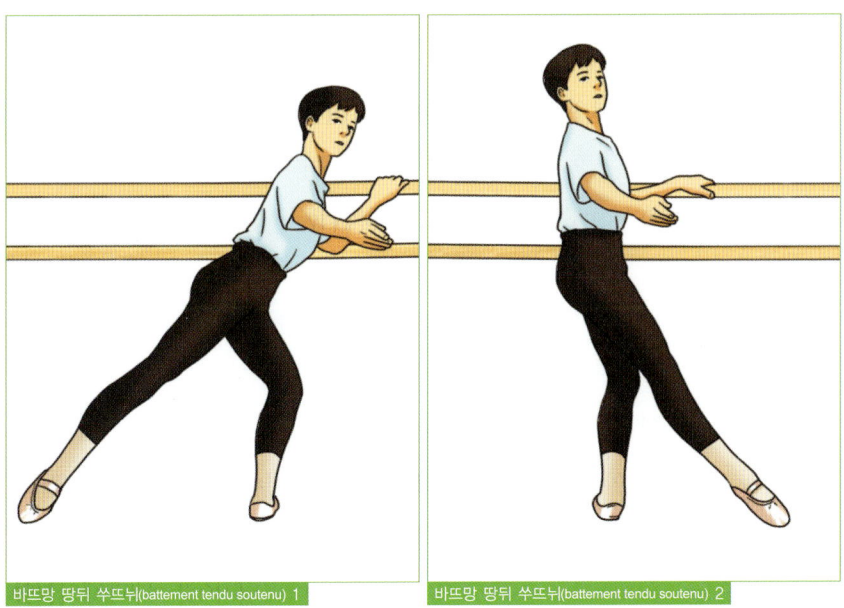

바뜨망 땅뒤 쑤뜨뉘(battement tendu soutenu) 1

바뜨망 땅뒤 쑤뜨뉘(battement tendu soutenu) 2

바뜨망 땅뒤 알 라 스 꽁드
(battement tendu à la seconde)

바뜨망 땅뒤 자세에서 한쪽 다리를 측면으로 들어올리는 동작으로 곧게 편 무릎, 발등, 발가락을 일직선이 되도록 하면서 다리를 미끄러지듯 편다.

바뜨망 땅뒤 쥬떼(battement tendu jeté)
움직이는 다리가 낮은 높이로 공중에 던져지는 듯한 동작이다.

바뜨망 땅뒤 알 라 스 꽁드(battement tendu à la seconde)

바뜨망 를르베(battement relevé)
몸을 지탱하는 다리의 발뒤꿈치를 치켜든 상태에서 실시하는 바뜨망을 말한다.

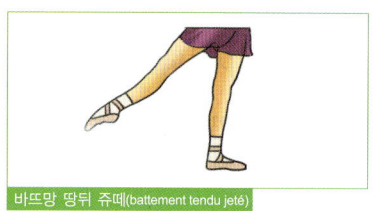

바뜨망 땅뒤 쥬떼(battement tendu jeté)

이 동작은 발등을 강화시켜주고, 무용수가 삐루에뜨(pirouette) 등을 하기 전에 두 다리 사이에서 무게 중심을 바꾸는 데 도움을 준다.

바뜨망 바뛰(battement battu)
무릎은 펴고 발은 구부린 채 한쪽 다리 전체를 다른 발목에서 살짝 떨어지는 정도까지 이동해 간다. 그 동작을 통해 점프를 할 때 추가적인 부담 없이 앙트르샤(entrchat)를 실행하는 기교를 느낄 수 있게 된다.

바뜨망 쁘띠(battement petit)
몸을 지탱하는 다리의 발목 위에 다른 다리의 무릎을 완전히 펴지 않고 바뜨망을 계속한다.

바뜨망 퐁뒤(battement fondu)

바뜨망 퐁뒤는 다리를 유연하고 부드럽게 움직여 앞, 옆, 뒤로 내보내는 동작을 일컫는다. 준비 자세에서 발을 지면으로부터 부드럽게 들어 올리고 발꿈치를 앞쪽으로 유지시킨다. 한쪽 발은 드미쁠리에를 하고 다른 쪽 발은 구·드·삐에 자세를 취한다. 서 있는 다리의 무릎을 천천히 펴면서 동시에 구·드·삐에 쪽 발을 앞으로 혹은 옆, 뒤로 벌려 균형을 잡는다.

바뜨망 퐁뒤(battement fondu) 1

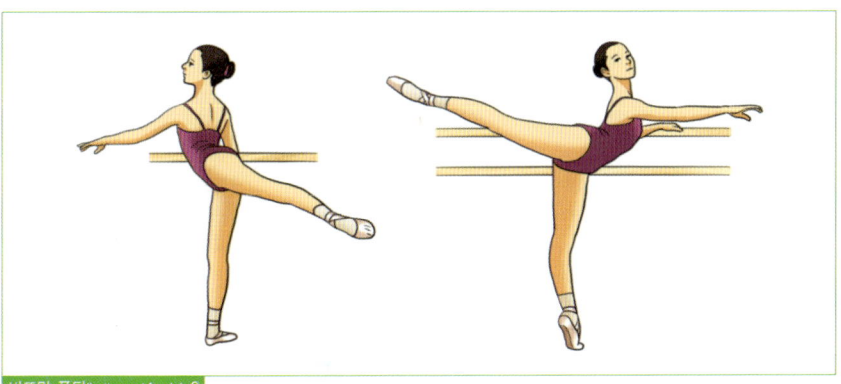

바뜨망 퐁뒤(battement fondu) 2

바뜨망 푸라뻬(battement frappé)

푸라뻬(frappé)는 '친다'는 뜻이다. 한쪽 발을 펴면서 내딛어 그 발가락 밑 살 부분으로 바닥의 표면을 찌르듯이 친다. 빠른 점프를 위해 발과 다리를 준비시키는 동작이다.

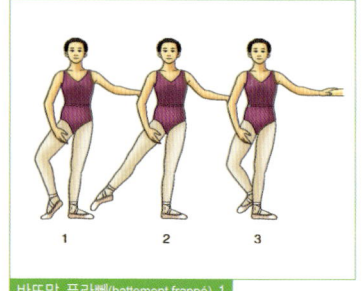
바뜨망 푸라뻬(battement frappé) 1

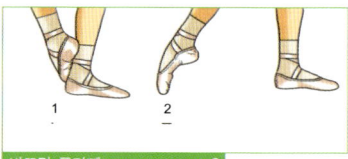
바뜨망 푸라뻬(battement frappé) 2

바로크협주곡(Concerto Barocco)

1940년 작. 요한 제바스티안 바흐(Johann Sebastian Bach)의 음악에 조지 발란신(George Balanchine)이 안무를 맡았다. 단막 발레 작품으로, 미국 뉴욕 헌터칼리지 플레이하우스에서 초연됐다.

바뜨망 푸라뻬(battement frappé) 3

바르나국제발레콩쿠르(International Ballet Competition Varna)

세계 최초로 1964년 창설된 발레콩쿠르로, 불가리아에서 열린다. 1965년 제2회 대회부터는 2년마다 개최되고 있다. 세계 5대 발레 경연 대회 중 하나이다.

바를 사용한 드미 쁠리에

바를 사용한 드미 쁠리에

바를 사용한 드미 쁠리에는 제2포지션과 제3포지션의 발로 드미 쁠리에를 한다. 바

바를 사용한 쁠리에(plié) 1

바를 사용한 쁠리에(plié) 2

를 잡고 있기 때문에 좌우로 벌린 양다리의 무릎이 양발끝 위로 가게 되며, 등을 곧게 하여 머리를 바른 위치로 잡는 자세이다.

바를 사용한 쁠리에(plié)

한손을 가볍게 바 위에 얹고 다른 한손은 몸의 약간 앞쪽으로 팔꿈치를 꺽지않고 부드럽게 편 다음 제1포지션, 제2포지션, 제3포지션으로 드미 쁠리에, 그랑 쁠리에를 한다.

바리아씨용(variation)

발레의 독무(獨舞) 부분을 일컫는 말. 솔리스트 두 사람이 추는 빠 드 되(pas de deux)로서, 아다쥬(adage)에 이어 한 사람씩 추는 무도 형식이다. 이 용어는 음악에서 앞서 나온 주제의 전개를 말할 때 사용되는 것과는 전혀 유사점이 없다.

바쎄(baissé)

뿌엥뜨(pionte)나 반 뿌엥뜨한 포지션으로부터, 무용수는 한 발 혹은 양발 뒤꿈치를 지면으로 내린다. 남자 무용수는 파트너를 들어 올린 후에 지면으로 낮춘다.

바우(bow)

무대에서 관객에게 하는 경례를 말한다.

바운드(bound)

'튀어오르기'라는 뜻. 바운드는 자유로운 동작(free movement)이라고 한다. 발끝을 공중에서 펴고 가볍게 바닥으로 내려오기 위해서는 무릎을 굽혀야 한다.

바운드(bound)

바 워크(barre work)

바를 잡고 하는 연습을 말한다. 무용 연습실의 바는 대부분 나무로 만들어 벽에 고정시켜 놓았다. 어린 무용수들은 좀더 낮은 바를 사용한다. 집에서 연습을 할 경우에는 의자가 훌륭한 대용 바이다. 이때 너무 많은 힘을 주어 의자가 균형을 잃게 되는 것에 유의해야 한다. 바 연습의 목적은 근육을 튼튼하게 하고 발, 다리, 몸의 뼈와 근육을 유연하게 조절하는 데 있다. 일반적으로 무용수들은 바에서 연습을 시작하고 스텝들의 원리를 익히고 나면 연습실 센터에서 수련을 하게 된다.

발끝 펴고 걷기

발레의 가장 기본적인 자세로 발꿈치부터가 아니

발끝 펴고 걷기

고 발끝부터 먼저 바닥에 닿도록하여 동작을 가볍고 아름답게 만드는 자세이다.

발라빌레(ballabile)

일반적으로 독무(獨舞)가 없는 꼬르 드 발레(corps de ballet)를 위한 군무(群舞)를 말한다. 〈호두까기 인형〉 중 '꽃의 왈츠'가 대표적이다.

발랑쎄(balancé)

발랑쎄(balancé)

왈츠 리듬으로 흔드는 스텝이다. 무용수는 오른발로 서서 왼발의 앞바닥을 뒤쪽 지면에 가볍게 놓는다. 왼발로 옆으로 가며 스텝을 밟고, 이때 왼발 뒤로 오른발의 앞바닥을 지면에 놓는다. 그리고 잠시 동안 무게를 오른발에 둔다. 이로 인한 포지션 변화는 없다. 그 다음 무게를 확실하게 왼쪽 다리로 옮기는데, 이 포지션으로부터 다른 쪽으로 스텝을 반복할 수 있다. 또한 이 스텝은 오른발을 왼발 뒤로 두는 대신 왼발 앞으로 교차하면서 할 수도 있고, 좌우 양쪽에서 다른 쪽으로 하는 대신 앞에서 뒤로 실행할 수도 있다.

발레(ballet)

음악·무대 장치·의상·팬터마임 등을 갖추어서 특정한 주제의 이야기를 종합적으로 표현하는 무용이다. 발레라는 용어는 '춤을 추다'를 의미하는 이탈리아어 'ballare'에서 유래되었다. 발레 안무가는 이야기를 구성하고 특별한 분위기를 조성하며, 일련의 춤들을 서로 연결시키거나 무용수들을 추상적인 모형 속에서 개체로 이용하기도 한다. 일찍이 발레의 위대한 공로자인 장 조르주 노베르(Jean-Georges Noverre)는 "발레는 다소 복잡한 유형의 기계다."라는 정의를 내렸다. [**발레의 정의**] 발레는 일반적으로 다리의 포지션에 기초한 클래식 댄스의 정형 기법을 사용하는 무용으로 인식된다. 그와 달리 그 기법에 제한을 받지 않는 무용은 모던댄스(modern dance)라는 명칭으로 구분하고 있다. 나아가 빠드 되(pas de deux)와 팬터마임 장면 등을 적극 수용하면 클래식발레, 그렇지 않으면 모던발레(modern Ballet)로 구분하기도 한다. [**발레의 탄생**] 발레는 르네상스 시대에 이탈리아 궁정 연회에서 그 역사가 시작되었다. 당시 널리 시행되던 무언극에 기하학적인 형태로 춤을 추는 당스 피귀레, 사교 댄스인 발레티, 무대 무용인 브란디와 모리스카 등이 뒤섞여 발레가 탄생했다. 그 후 발레는 이탈리아 명문가 출신인 카테리나 데 메디치(Caterina de' Medici)가 앙리 2세와 결혼하면서 프랑스에도 전파되었다.

발레 닥씨용(ballet d'action)

팬터마임 기법을 발레에 도입한 무용극. 발레의 위대한 공로자인 장 조르주 노베르(Jean-Georges Noverre)가 창시자로 되어 있다. 〈페트루슈카(Petrushka)〉, 〈방탕의 여로(The Rake's Progess)〉, 〈녹색 테이블(The Green Table)〉, 〈라일락 정원(Jardin aux Lilas)〉, 〈초대(The Invitation)〉 등이 그 예이다.

발레 데 꼴(ballet d' cole)

무용을 강조하는 발레이다. 발레 수업에서 다리를 턴 아웃(turn-out)하고 팔을 둥글게 하여 엄격하게 시행된다.

발레뜨망(balletomane)

'발레광', '발레마니아'라는 뜻. 발레에 대해 다른 예술보다 특별한 애정을 갖고 있는 사람을 말한다. 19세기 초 러시아에서 만들어진 용어이다.

발레 로망띠끄(ballet romantique)

19세기 초 낭만주의 시대의 발레라는 뜻. 마리 탈리오니(Marie Taglioni)의 〈라 실피드(La Sylphide)〉를 그 최초의 모뉴망으로 꼽고 있다(쇼팽의 〈라 실피드(La Sylphide)〉와는 다른 작품임).

발레뤼스(Ballets Russes)

1909년 세르게이 디아길레프(Sergei Diaghilev)가 조직한 프랑스 발레단이다. 레 실피드(Les Sylphides), 세헤라자데(Scheherazade), 불새(The Firebird) 등을 무대에 올렸고 1929년 세르게이 디아길레프(Sergei Diaghilev)가 세상을 떠난 뒤 해체되었다.

발레리나(ballerina)

원래는 오페라의 프리마돈나(prima-donna)에 해당하는 프리마 발레리나를 일컫는 것이었다. 하지만 현대에 와서는 발레의 여성 무용수를 총칭한다.

발레리노(ballerino)

발레를 하는 남자 무용수를 의미한다.

발레린느 프레 들로(ballérines prés de l'eau)

19세기 파리 오페라에서 꼬르 드 발레(corps de ballet) 중 가장 나이가 많고 별로 성공하지 못한 구성원을 일컬을 때 사용되었던 속어이다.

발레 마스터(ballet master)
발레단의 교사 겸 안무자인 메트르 드 발레(Maiter de Ballet)를 말한다.

발레 모놀로그(ballet monologue)
솔로 발레(Slol Ballet)를 말한다. 미하엘 포킨(Michel Fokine)이 안무한 〈빈사의 백조〉가 그 대표작이다.

발레 블랑(ballet blanc)
'하얀 발레' 라는 뜻. 발레 로망띠끄에서는 언제나 순백의 의상(tutu)를 입었기 때문에 이런 명칭으로 부르기도 한다.

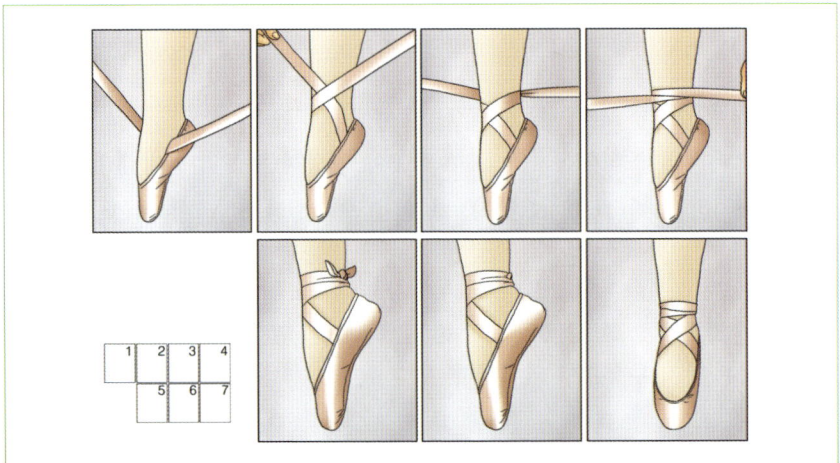

발레 슈즈리본 매는 법 1

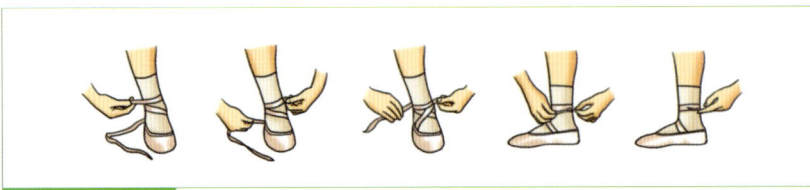

발레 슈즈리본 매는 법 2

발레 슈즈리본 매는 법

리본을 벌린다. 십자를 만들고, 뒤로 돌려서 리본을 서로 겹치게 해서 앞으로 다시 잡아당긴다. 다시 한 번 뒤로 가져가서, 발목의 안쪽, 복사뼈 위에서 이중으로 매듭짓는다. 겹친리본 아래로 남아 있는 끈의 끝을 안쪽에 눌러 넣는다. 끝난 후 매듭을 정면에서 살펴본다.

발레 연습실

발레 연습실은 다양한 형태나 크기로 이루어질 수 있으나, 일반적으로 벽면에 전신거울과 바가 있으며, 바닥은 나무나 고무로 이루어져 있다.

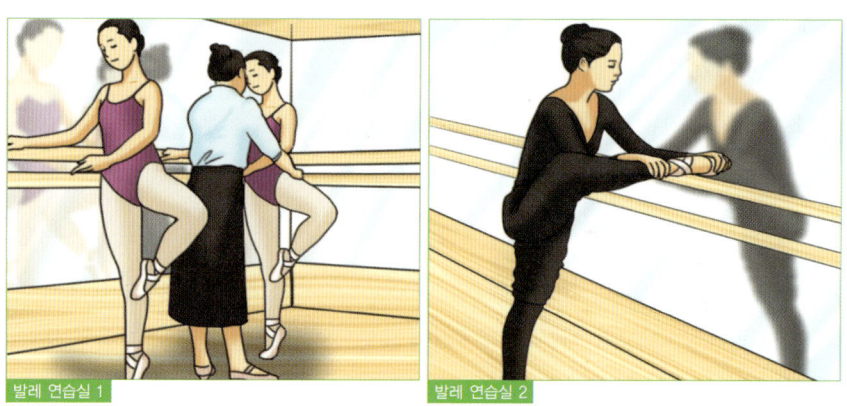

발레 연습실 1 발레 연습실 2

발레의 바르지 못한 자세

발레의 바르지 못한 자세로는 앞으로 굽은 등, 뒤로 제쳐진 등을 들 수 있다.

발레의 바른자세

발레의 바른자세는 시간을 들여 몸에 익히는 것으로 언제나 의식적으로 바르게 서는 것이 중요하다. 양발에 체중을 걸고, 척추를 똑바로 하여 상체를 바로 세워서 서지 않으면 아무리 연습을 해도 무의미한 것이 된다.

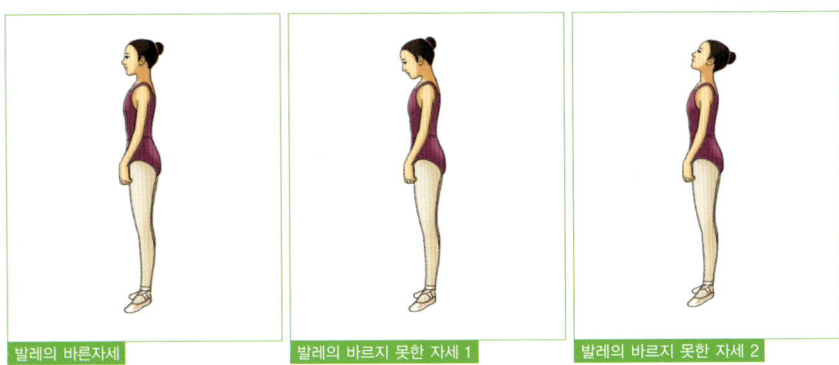

발레의 바른자세   발레의 바르지 못한 자세 1   발레의 바르지 못한 자세 2

발레 의상과 무대의 변화

초기 발레는 아름다운 의상과 무대장치로 관객들을 매료시켰다. 따라서 오늘날 재연되는 초기 발레 작품들 역시 그와 같은 효과를 내기 위해 웅장한 무대장치와 호화스런 의상으로 꾸며지는 경우가 많다. 그러나 현대 발레 작품에는 적지 않은 변화도 있다. 텅 빈 무대와 움직이는 조명을 사용하거나, 길고 헐렁한 의상을 입는 등 변화를 주는 것이다. 또한 규모가 작은 무용단은 거대한 장치를 가지고 공연을 다닐 수 없기 때문에 경제적이면서도 효과적인 것으로 간단하게 무대를 제작하고는 한다. 어쨌거나 안무의 가치는 모든 장식들로부터 자유로울 때 두드러지며, 무용수는 아름다운 의상보다 자신의 몸으로 공연을 이끌어 주목받을 때 더욱 보람을 느낀다.

발레 콩쿠르(ballet concours)

발레를 장려할 목적으로 그 기능의 우열을 가리기 위해 여는 경연회를 말한다.

발레 의상 1

발레 의상 2

발레 의상 3

발레 클래식(ballet classique)

'고전 발레'라는 뜻. 발레의 기법이 체계화되어 전통이 확립된 발레를 말한다. 19세기 중엽 이후의 고전화된 기법을 답습한 발레로 이해하면 좋을 것이다. 발

발로네(ballonné) 1

발로네(ballonné) 2

발로네(ballonné) 3

발로떼(ballotté)

발롱(ballon) 1

발롱(ballon) 2

발레 사전

레 클래식을 발레 로망띠끄까지 포함한 발레의 총칭이라고 주장하는 사람들도 있다. 현대에 와서 발레를 클래식 발레와 모던 발레로 나눌 경우에는 그런 분류도 타당성이 있다.

발레 팬터마임(ballet pantomime)

팬터마임이란 대사 없이 몸짓과 표정 등으로 감정과 생각을 표현하는 연극적 형식을 말한다. 발레 팬터마임은 그와 같은 무언극(無言劇)을 흉내 낸 발레이다.

발로네(ballonné)

'부풀어 오른다'는 뜻. 감정이 부풀어 올라 공처럼 탄력 있는 도약이 된다는 의미이다. 드미 쁠리에(demi-plié) 자세에서 한쪽 다리에 반동을 주고 뛰어올라 옆으로 뻗은 다리의 방향으로 착지한다. 그리고 착지할 때 뻗었던 다리를 구부려서 발목으로 가져간다.

발로떼(ballotté)

이 점프는 한쪽 발을 다른 쪽 발로 감으면서 던져지는 동작이다. 상체는 지지다리 위에 놓고 체중 변화에 따라 앞뒤로 흔든다. 이 동작은 다리를 구부리지 않고 무릎을 편 채 연기할 수도 있으며, 점프 없이 발끝으로 일어선 채 할 수도 있다.

발롱(ballon)

경기구, 공, 탄력 등의 뜻이 있는 데 부드러움, 가벼움, 탄력의 종합적인 의미를 갖는다. 무용수가 자신을 지면에서 밀어젖힌다기보다 뛴다는 인상을 주는 동작이다. 러시아에서는 발롱을 '공중에서 포즈를 유지하는 힘'이라고 풀이한다.

발의 다양한 포지션

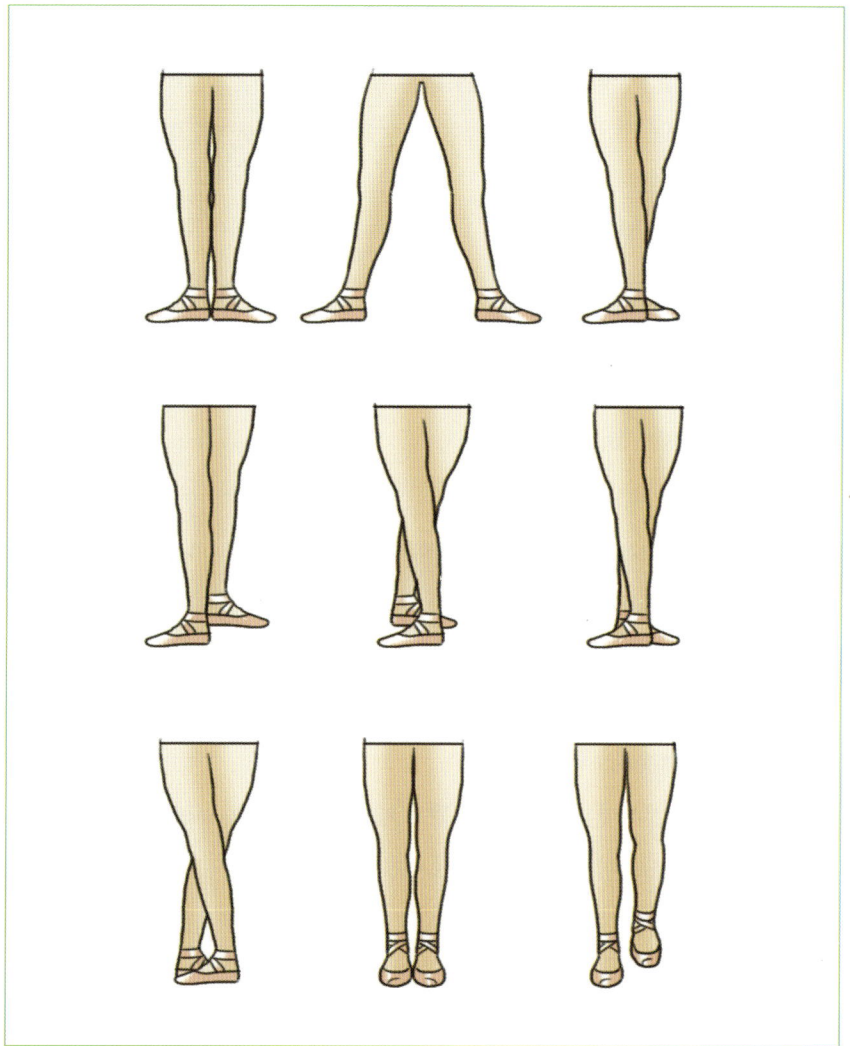

백 벤드(back bend)

허리부터 뒤로 상체를 젖혀 아치(arch) 모양으로 만드는 것을 말한다.

백조의 호수(Swan Lake)

1875년 작. 차이코프스키(Tchaikovsky)의 음악에 마리우스 쁘띠빠(Marius Petipa)와 레프 이바노프(Lev Invanov)가 안무를 담당한 발레이다. 마법에 걸려 백조가 되어 버린 오데뜨 공주의 이야기를 담고 있다. 러시아 모스크바 볼쇼이극장에서 초연됐다. 〈백조의 호수〉는 〈호두까기 인형〉, 〈잠자는 숲 속의 미녀〉와 더불어 차이코프스키의 3대 발레 음악으로 평가받는다.

백조의 호수(Swan Lake)

베네쉬 기록법(Benesh notation)

'발레 기록법' 중 하나. 화가였던 루돌프 베네쉬(Rudolf Benesh)와 발레 무용수였던 그의 아내 조안 베네쉬(Joan Benesh)가 만들었다.

벨라(bellet)

발레 기법에 의한 무용의 총칭. 크게 클래식발레와 모던발레로 나눌 수 있다.

볼레(volé)

날아오르는 것, 도약을 뜻한다.

볼쇼이극장(Bolshoi Teatr)

러시아 모스크바에 있는 극장으로 1776년에 개장했다가 화재로 소실돼 1825년 지금의 위치에 새로 건축되었다. 볼쇼이란 '크다'는 뜻이며, 정식 명칭은 '러시아국립아카데미대극장'이다. 주로 오페라와 발레 공연이 이루어지는데, 〈백조의 호수〉의 초연도 이곳에서 펼쳐졌다.

볼쇼이발레단(Bolshoi ballet)

러시아의 볼쇼이극장에 소속된 발레단이다. '큰 발레단'이라는 뜻으로, 1780년에 창단되었다. 무대 장치와 의상 등에 사실주의를 도입하는 데 상당한 영향을 끼쳤다.

봄의 제전(Le Sacre du Printemps)

1913년 작. 이고리 스트라빈스키(Igor Stravinsky)의 음악에 바츨라프 니진스키(Vatslav Nizhinskii)가 대본과 안무를 담당한 발레 작품이다. 무용으로 태고(太古)의 의식을 표현하고, 음악으로는 원시적인 에너지를 생동감 있게 드러낸다. 프랑스 파리 샹젤리제극장에서 초연되었다.

봐야제(voyagé)

'통과하다'라는 뜻. 무용수가 아라베스끄(arabesque) 같은 특수한 자세를 취할 때, 계속적으로 작은 점프를 하며 조금씩 앞으로 이동하면서 발뒤꿈치를 약간 올렸다 내려놓는 동작을 말한다.

부르농빌 메소드(Bournonville method)

덴마크의 무용가 겸 안무가 부르농빌이 창안한 발레 교육법이다. 체케티 메소

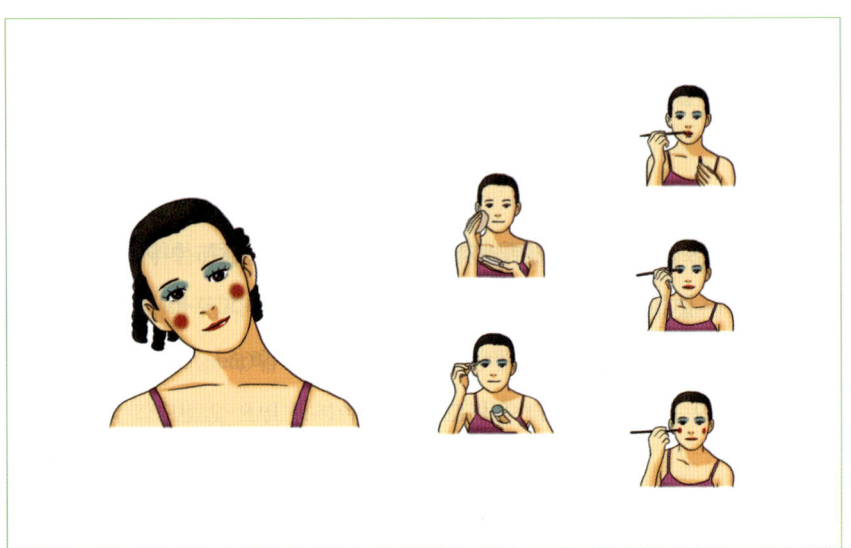
분장(déguisement)

드(Cechetti method), 바가노바 메소드(Vaganova method)와 함께 주요 발레 기법 중 하나로 손꼽힌다.

분장(déguisement)
오늘날의 극장들은 조명을 이용해 드라마틱하고 개성적인 무대를 연출한다. 따라서 무용수에게 분장이 더욱 중요한 의미를 갖게 되었는데, 얼굴이 지쳐 보이거나 번들거리는 것을 방지할 수 있기 때문이다. 분장은 무용수들이 작품의 특성과 역할에 맞게 자신을 창조하도록 돕는 예술 분야의 하나라고 할 수 있다. 무용수는 공연이 끝난 직후 분장을 깨끗이 지우는 것이 바람직하다.

불기둥(Pillar of Fire)
1942년 작. 쇤베르크(Schönberg)의 음악에 튜더(Tudor)가 안무를 맡아 미국 뉴욕 메트로폴리탄오페라하우스에서 초연했다. 그 내용은 결혼 적령기에 이르렀으나 절망에 빠진 젊은 여인에 관한 이야기이다.

불새(The Firebird)

1910년 작. 스트라빈스키(Stravinsky)의 음악에 미하엘 포킨(Michel Fokine)이 안무를 담당한 작품이다. 다양한 러시아의 동화에 기초하여 불새를 잡으려는 이반 왕자의 이야기를 다룬다. 프랑스 파리오페라극장에서 초연되었다.

브누아 드 라 당스(Benois de la Danse)

'춤의 영예'라는 뜻. 1991년에 발레 개혁자 장 조르주 노베르(Jean-Georges Noverre)를 기리기 위해 국제무용협회 러시아 본부에서 제정한 것으로, 무용계의 아카데미상으로 불릴 만큼 권위가 있다. 한국 발레리나 강수진과 김주원도 이 상을 수상해 명성을 떨쳤다.

브라(bras)

'팔'이란 뜻이다.

브라 바(bras bas)

'낮은 또는 내려진 팔'이라는 뜻. 모든 팔 자세의 기본으로, 무용수의 차렷 자세를 일컫는다. 양팔은 몸의 앞쪽 약간 아래에 두고, 어깨는 긴장을 푼다. 가슴을 펴고, 양팔의 손끝은 약 9센티미터 안팎 사이를 둔다. 손바닥을 위로 하며, 팔꿈치는 양옆을 향하게 해 양팔을 달걀 모양으로 만든다.

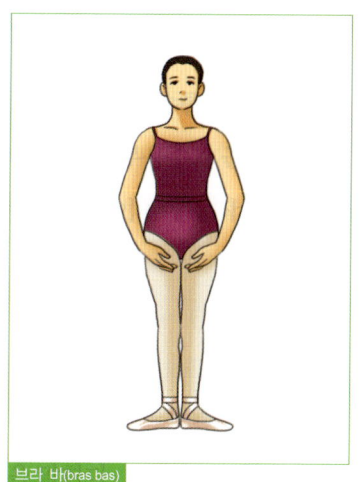

브라 바(bras bas)

브라 조 르뽀(bras au repos)

팔의 준비 동작으로서, 두 팔을 가볍게 그리고 동그랗게 만들어 약간 옆으로 벌리고 손가락 끝이 허벅지를 향하게 하는 동작이다.

브로큰 리스트(broken wrists)

'팔목 꺾기'라는 뜻. 무용수가 팔목에서 두 손을 꺾어 팔의 라인을 깨버리는 것을 일컫는 말이다. 발레 수업 시 교사들은 학생들에게 이런 동작을 피하라고 가르치는데, 그 이유는 손목을 꺾는 행위로 인해 관객들의 시선이 흐트러지기 때문이다. 하지만 독무의 끝부분을 부각시키거나, 무대에서 특정 무용수에게 주의를 집중시키기 위해 일부러 이 동작을 이용하는 경우도 있다.

브리제(brisé)

'꺾인다'는 뜻. 도약하는 순간에 두 다리가 던져져서 굴절선을 그리기 때문에 이렇게 불린다.

브리제 드쑤(brisé dessous)

두 발이 모아져서 끝날 때 브리제 훼르메(brisé fermé)로 총칭할 수 있는데, 유파에 따라서 수직으로 뛰는 브리제와 45°쯤 사선으로 도약하는 브리제가 있다.

브리제(brisé)

브리제 발로네(brisé ballonné)

오직 옆으로만 연기할 수 있으며, 들어 올린 발은 항상 무릎이 아니라 발목으로부터 시작하고 발목으로 돌아온다. 무용수는 발로네의 높이에서 지지하는 다리를 다른 다리 아래에서 비트한다.

브리제 볼레(brisé volé)

나는 브리제. 이 동작의 움직이는 다리는 비트가 일어나기 전에 낮게 롱드 쟝브를 그린다. 그 후에 몸을 지탱하는 다리가 움직인다.

브리제 볼레(brisé volé)

브리제 볼레 아나리에르(brisé volé en arriére)

아나방(en avant)과는 반대 방향인 뒤쪽으로 뛰는 브리제를 말한다.

브리제 볼레 아나방(brisé volé en avant)

앞으로 도약하는 몸이 굴절된 브리제. 비록 앞이 아니고 무대를 사선으로 뛰기는 하지만 〈잠자는 숲 속의 미녀〉 중 제3막에서 '파랑새의 바리아씨용(variation)'은 남성 무용수가 보여주는 브리제 볼레의 대표적인 예라고 할 수 있다. 마치 파랑새가 공중에 떠서 날개를 파닥거리는 것처럼 두 다리와 두 팔을 날렵하게 돌리며 브리제를 계속한다. 흔히 섬세하고 약동적인 스텝의 극치로 일컬어진다.

브리제 훼르메(brisé fermé)
두 발이 모아져서 끝나기 때문에 이처럼 '닫쳐진 브리제' 라고 불린다.

비디오 녹화(video recording)
사진 촬영이나 녹음보다 훨씬 더 효율적인 방법. 무용수들의 동작을 세밀하게 살펴 즉시 수정 작업이 가능하도록 돕는다. 비디오 녹화는 1959년 설립된 네덜란드 댄스 씨어터(Nederland Dans Theater)에 의해 성공적으로 개척되었다.

비르투오소(virtuoso)
고도의 기술을 보여줘 거장이나 명인으로 칭송받을 만한 무용수를 일컫는 말이다.

비어트릭스 포터의 이야기(Tales of Beatrix Potter)
1971년 작. 랜취베리(Lanchberry)의 음악에 에쉬톤(Ashton)이 안무를 맡은 발레 작품이다. 발레를 매우 사랑했던 한 옹기장이의 이야기를 담고 있다.

비트(beat)
공중에서 제5포지션으로 교차하며 움직이는 것으로, 양쪽 다리를 함께 쳐서 서로 엇갈리게 보이도록 한다.

빈사의 백조(La Mort du Cygne)
1905년 작. 까미유 생상스(Camille Saint-Sans)의 음악 〈동물의 사육제〉에 미하엘 포킨(Michel Fokine)이 안무를 맡은 단막 솔로 발레 작품이다. 러시아 상트페테르부르크 마린스키극장에서 초연되었다.

빌리 더 키드(Billy the Kid)

1938년 작. 에어런 코플랜드(Aaron Copland)의 음악에 유진 로링(Eugene Loring)이 안무를 맡았다. 미국 서부 이야기를 다룬 단막 발레 작품으로, 시카고오페라하우스에서 발레캐러번이 초연했다.

빗나간 딸(La Fille Mal Gardée)

1789년 작. 프랑스 오페라 작곡가 페르디낭 에롤(Ferdinand Hérold)의 음악에 장 도베르발(Jean Dauberval)이 대본과 안무를 담당했다. 코믹한 스타일의 2막 발레 작품으로, 프랑스 파리 보르도극장에서 초연됐다.

빠(pas)

영어의 'step'과 같은 뜻. 체중을 옮기는 데 필요한 단순한 스텝을 비롯해 복합된 운동을 의미한다.

빠 글리싸드(pas glissade)

뛰어오르거나 뿌엥뜨(pointe) 자세로 부드럽게 올리는 미끄러지는 듯한 스텝을 말한다.

빠 글리쎄(pas glissé)

'미끄러지는 빠'라는 뜻. 이를테면 바뜨망 글리쎄(battement glissé)와 같은 것이 있다.

빠 글리싸드(pas glissade)

빠 꾸뤼(pas couru)

발레 공연 시 무대 위에서 행해지는 보행(步行)을 말한다. 여성 무용수의 경우 발끝으로 서서(sur la point) 무대 위를 걷는 것. 〈빈사의 백조〉는 거의 빠 꾸뤼만으로 된 솔로 발레(solo ballet)의 명작이다.

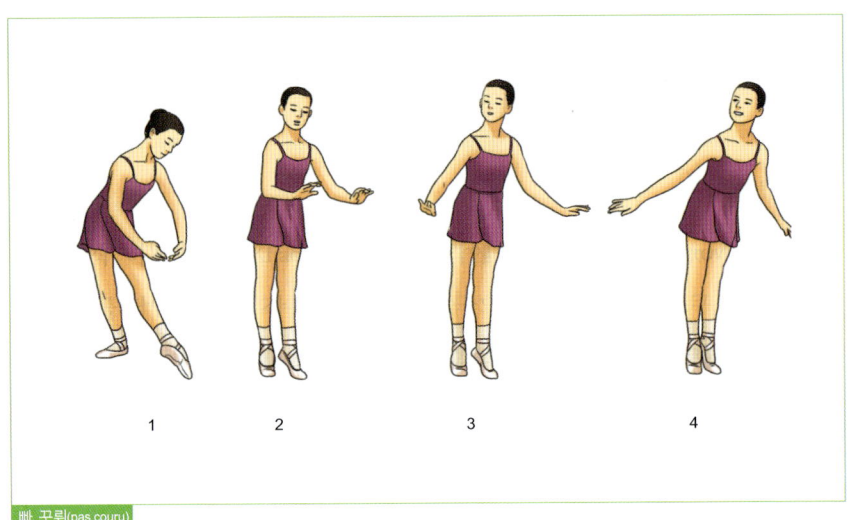

빠 꾸뤼(pas couru)

빠 꾸뻬(pas coupé)

한쪽 발의 움직임이 다른 쪽 발을 자르고 들어서는 듯하기 때문에 '자른다'는 뜻으로 쓰인다. 움직임이 큰 스텝과 스텝 사이를 중계하고 원동력이 되어주는 프레빠라씨용(préparation)의 작은 스텝이다.

빠닥시용(pas d'action)

무용극의 스토리를 전개시키기 위해 무용수가 표현하는 팬터마임적인 연기를 뜻한다.

빠 드 까트르(Pas de quatre)[1]

1845년 작. 세자레 퓌니(Cesare Pugni)의 음악에 쥘 페로(Jules Perrot)가 안무를 맡았다. 페로가 영국에서 빅토리아 여왕과 부군을 위해 창작한 축하 의식용 발레 작품으로 4인무(四人舞)로 공연되었다. 초연 장소는 런던왕실극장이었고 당시 가장 뛰어난 무용수였던 마리 탈리오니(Marie Taglioni), 파니 체리토(Fanny Cerrito), 카를로타 그리시(Carlotta Grisi), 루실 그란(Lucile Grahn)이 참여했다.

빠 드 까트르(pas de quatre)[2]

네 사람이 어울려 추는 춤. 〈백조의 호수〉 제2막에서 '네 마리의 백조'가 유명하다.

빠 드 되(pas de deux)

여성 솔리스트와 남성 솔리스트의 2인무. 고전 형식에서는 아다쥬(adage), 바리아씨옹(variation), 꼬다(coda)의 형식을 갖춘 것을 말한다.

빠 드 되(pas de deux) 1

빠 드 되(pas de deux) 2

빠 드 리고동(pas de rigaudon)

리고동 무곡(舞曲)의 스텝으로 추는 군무(群舞)를 말한다. 리고동은 남프랑스의 프로방스 지방에서 시작된 무용이다. 루이 13세 때 파리에서 공연되었고, 그 후 영국에도 소개되어 유행했다.

빠 드 바스끄(pas de basque)

바스크풍(스페인 지방)의 군무(群舞). 세 번째 박자에서 뚜렷하게 변화하는 스텝이다. 이것은 아나방(en avant) 또는 아나리에르(en arrière)로 실시된다.

빠 드 부레(pas de bourrée)

미끄러지는 스텝의 대표적인 것 중 하나. 모이를 줍는 참새처럼 가볍고 잘게 발을 옮겨 놓는 스텝이다. 앞뒤가 아니고 좌우로 걸어 다니지만 몸의 방향을 바꿔 무용수의 위치를 이동시키는 중요한 스텝이다. 두 발을 여러 번 바꿔가며 추는 프랑스 춤을 고전발레에서 정제하여 발전시켰다.

빠 드 부레(pas de bourrée) 1

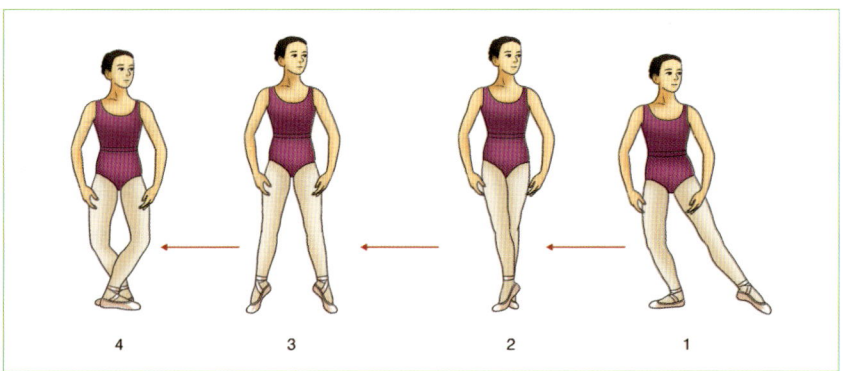
빠 드 부레(pas de bourrée) 2

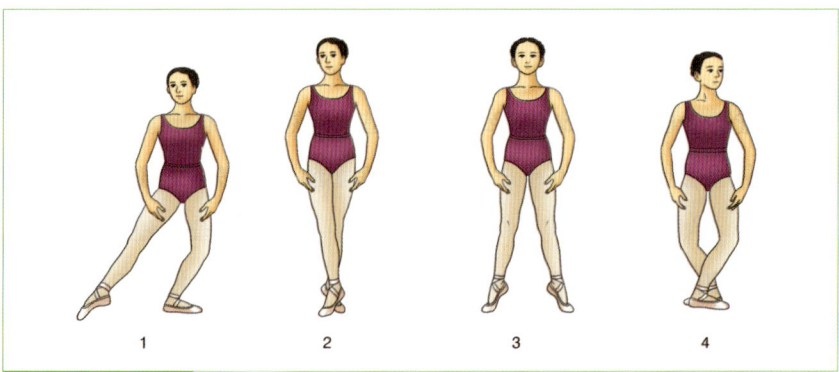
빠 드 부레(pas de bourrée) 3

빠 드 부레(pas de bourrée) 4

빠 드 부레 꾸뤼(pas de bourrée courus)

남성 무용수의 그랑 쥬떼 같은 도약의 준비 동작으로 쓰이며, '빠 꾸뤼'라고 약칭하기도 한다. 무용수가 발끝으로 미끄러지듯 등장해 아주 미세한 동작으로 무척 빠르게 두 발을 바꾸기 때문에, 관객은 한쪽 발에서 다른 쪽 발로 이동하는 무게 중심의 변화를 거의 감지하지 못한다. 이 동작은 제자리에서 할 수도 있는데, 이런 경우에는 종종 회전하며 이루어진다.

빠 드 부레 데리에르(pas de bourrée derriére)

뒤쪽에서 모아, 옆으로 벌리고, 뒤에 모은다.

빠 드 부레 드방(pas de bourrée devant)

오른발을 앞쪽으로 내미는 제5포지션에서 시작한다. 오른발을 벌려서 제2포지션 자세를 취해 바로 마룻바닥에서 떨어지기만 하고 왼발은 드미 쁠리에(demi-plié)를 취한다. 오른쪽 다리는 다시 제5포지션을 취하면서 앞에 두고, 이 때 양발이 드미 쁠리에를 취한다. 왼쪽 다리는 바깥쪽으로 가면서 제2포지션 자세를 취한다. 오른쪽 다리는 앞 제5포지션 자세로 끝낸다(앞에서 겹치고 옆으로 벌려 다시 앞에서 겹친다).

빠 드 부레 드쑤(pas de bourrée dessous)

뒤쪽에서 모으고, 옆으로 벌려, 앞에 모은다.

빠 드 부레 드쒸(pas de bourrée dessus)

앞쪽에서 모으고, 옆으로 벌려, 뒤에 모은다.

빠 드 부레 마르셰(pas de bourrée marché)

여성 무용수가 발끝으로 서서 빠 드 부레를 하는 것이다.

빠 드 부레 앙 뚜르낭(pas de bourrée en tournant)

빠 드 부레를 하면서 회전하는 스텝. 좌우로 보행하는 대신 좌측이나 우측을 향해 회전하는 보조적인 스텝이다.

빠 드 부레 플뢰레(pas de bourrée fleuret)

두 무릎을 처음부터 끝까지 굽힌 채, 한쪽 발을 쏘듯 내밀어 두 번째 포지션으로 가서 다른 쪽 발을 그 방향으로 마무리한다. 그 뒤 같은 방향으로 이 연속 동작을 즉시 반복한다.

빠 드 빠삐옹(pas de papillon)

나비 스텝. 똥베(tombér)에 의해 선행되고 제3포지션을 취하면서 몸무게는 앞발에 둔다. 한쪽 다리를 뒤로 차자마자 다른 다리도 뒤쪽으로 찬다. 공중에서 다리를 교차시키고 나중에 찬 다리는 미끄러지듯이 벌려서 제3포지션 자세를 취한다. 팔은 나비의 날개처럼 옆에서 옆으로 느릿하게 하고 연속되는 점프에 몸은 뒤로 젖힌다.

빠 드 샤(pas de chat)

'고양이의 스텝'이라는 뜻. 〈백조의 호수〉 제2막 중 귀여운 빠드 까트르의 등장에서 볼 수 있는 인상적인 빠(pas)로 여성 무용수의 것이다. 공중으로 뛰어오른 순간 무릎을 벌린 양쪽 다리가 엇갈리는 듯 내려오기 때문에 고양이가 사뿐히 뛰는 인상을 준다.

빠 드 샤(pas de chat) 1

1　　　　　2　　　　　3　　　　　4

빠 드 샤(pas de chat) 2

빠 드 샤(pas de chat) 3

빠 드 슈발(pas de cheval)

'말의 스텝'이라는 뜻. 말이 땅바닥을 향해 발굽질을 하는 것처럼 가볍고 예민한 특징을 지닌 동작이다. 이것은 연속적인 반복이 되어도 좋고, 오른발로 스텝을 밟으면서 왼발로 해도 좋다. 이 동작은 매번 뛸 때마다 앞으로 나간다. 몸은 약간 다리 위에서 앞쪽으로 기운다.

빠 드 슈발(pas de cheval)

빠 드 씨조(pas de cuseaux)

씨조(cuseaux)는 '가위'라는 뜻으로, 공중에서 두 다리가 가위 모양이 되는 도약의 스텝을 말한다. 이것은 대개 빠 드 부레 꾸뤼에 의해 선행된다.

빠 드 제퓌르(pas de zéphyr)

뒤쪽이든 앞쪽이든 움직이는 다리가 최고조에 달했을 때 첨가되는 작은 점프로 연기하는 일련의 바뜨망 앙 끌로쉬(battement en cloche)이다.

빠 드 트루아(pas de trois)

세 사람이 어울려 추는 춤. 음악의 트리오(trio)와 같다.

빠 떼르(par terre)

'바닥에서'라는 뜻이다.

빠 똥베(pas tombé)

'떨어지는 빠'라는 뜻. 준비 동작으로 이용되는 스텝이다. 한쪽 발을 드미 쁠리에(demi-plié) 하고 앞쪽 또는 뒤쪽으로 떨어지는 동작이다. 이는 몸의 중심이 옮겨가는 동작으로서 발로네 등과 같은 스텝으로 이용된다.

빠 마르쉐(pas march)

무용수의 양식화된 걸음걸이를 말한다.

빠 발랑쎄(pas bablancé)

'받치는 동작', '지탱하는 동작'이란 뜻. 'pas de valse'와 아주 흡사한데, 교대로 균형을 유지하기 위해 중심을 한쪽 발에서 다른 쪽 발로 이동시키는 동작으로 그 유형은 다양하다.

빠 발로떼(pas ballotté)

발로떼는 '흔들린다'는 뜻인데, 몸의 중심을 이동시키면서 파도에 일렁대는 작은 배처럼 몸을 좌우로 도약시키는 스텝이다.

빠 뿌와쏭(pas poisson)

여성 무용수가 등을 활처럼 굽힌 뒤 머리를 들고 발을 교차한 채 양다리를 구부리는 동작에서 파트너가 그녀를 받치는 포지션을 말한다.

빠 뿌와쏭(pas poisson)

빠쎄(passé)

몸을 가누는 다리의 무릎 근처를 굽힌 다리가 통과하는 움직임을 말한다.

빠 쐴(pas seul)

혼자 추는 독무(獨舞). 오페라에서 아리아의 솔로와 같은 것이다. 발레에서 바리아씨용(variation)은 남성 솔리스트와 여성 솔리스트 각각의 빠 쐴을 총칭하는 말이다.

빠 씨조(pas ciseaux)

곧게 뻗은 다리를 양쪽 또는 앞뒤로 넓게 벌려 던지는 점프이다. 착지할 때는 두 발을 모은다.

빠 씨조(pas ciseaux)

빠 잘레(pas allé)

빠 마르쉐(pas march)와 달리 무대 위에서 자연스럽게 걷는 것처럼 보이는 무용수를 말한다.

빠 화이어(pas failli)

매듭 없이 도약과 드미 쁠리에(demi-plié)로 발을 바꾸는 연결의 도약 빠를 말한다.

빵또미메(pantomimer)

무언극, 또는 무언극 배우를 말한다.

빵셰(penché)

'구부린다'는 뜻. 예컨대 아라베스끄 빵셰(arabesque penché)라고 하면 아라베스끄를 크게 앞으로 기울인 모습으로 상반신을 바닥을 향해 꺾고 뒤로 뻗은 다리를 높이 올린다.

빼르소넬(personnel)

'개성적'이라는 뜻. 발레 용어로 사용되면 발레단의 하위에 속하는 군무급 멤버를 총칭하는 말이다. 발레단 상위 멤버를 의미하는 아르띠스뜨(artist)와 구별된다.

뽀르 드 브라(port de bras)

'팔의 움직임' 또는 '움직이는 기법'을 말한다. 하반신의 움직임과 아울러 상반신의 아름다움은 뽀르 드 브라로 결정된다. 발레는 하반신과 상반신, 즉 다리와 팔의 부드러운 조화에서 그 아름다움이 나타나게 된다.

뽀르 드 브라(port de bras) 1

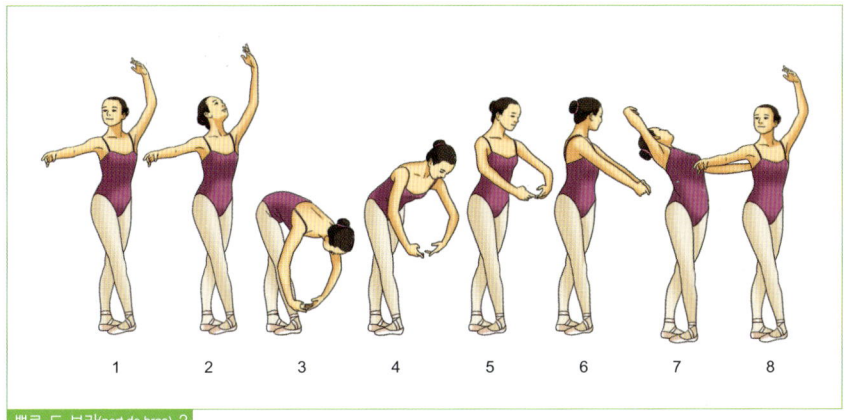
뽀르 드 브라(port de bras) 2

뽀르떼(porté)

'받친다'는 뜻. 남성 무용수가 여성 무용수를 받쳐주는 경우를 말한다. 흔히 '리프트(lift)'라는 영어를 쓰는 경향이 있다.

뽀르뙤르(porteur)

연기는 전혀 하지 않고, 단순히 여성 무용수를 받쳐주는 역할밖에 안 했던 19세기 발레 로망띠끄 전성시대의 남성 무용수를 일컫는 용어이다.

뽀쉐트(pochette)

17~18세기 발레 교사들이 수업 시간에 가지고 다녔던 뒤가 둥글고 줄이 달린 호주머니 크기의 악기이다. 일종의 작은 바이올린이라고 할 수 있다.

뽀엥뜨 슈즈(pointe shoes)

여성 무용수들이 신는 특수한 신발. 한국에서는 주로 토슈즈(toe shoes)라고 하며, 영어식 발음은 포인트 슈즈(point shoes)이다.

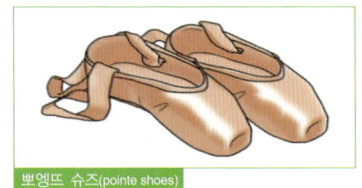
뽀엥뜨 슈즈(pointe shoes)

뽀즈(posé)

움직임이 지속되는 가운데 순간적인 정지 상태를 말하는 경우에 쓰인다. 대표적인 것은 아라베스끄와 아띠뜌드이다.

뽀지씨용(position)

'위치'라는 말인데, 무용수의 기본적인 정지 자세를 의미한다. 필요에 따라서는 얼마든지 정지된 상태로 있을 수 있으나, 또 언제든지 무용 동작을 시작할 수도 있는 표준적인 자세이다. 그러니까 뽀지씨용은 무용 동작의 시발점이자 종착점인 것이다. 뽀지씨용은 발의 기본 자세이기 때문에 몸 전체의 기본 자세가 되는 포즈(pose)와는 구별되어야 한다.

뽀지씨용 데가제(position dégagé)

한 발을 제2포지션으로 벌리고 그 발끝을 뻗어서 45°로 올리는 움직임을 말한다.

뽀지씨용 앙 프레빠라씨용(position en preparation)

두 팔을 앞으로 내린 포즈를 와가노봐 메토드(vaganova method)에서는 이렇게 부른다. 체케티파의 제5포지션 앙 바(en bas)에 해당한다.

뽀지씨용 오 르뽀(position au repos)

'휴식의 포지션'이라는 뜻. 두 팔을 어깨와 비슷한 선으로 내려뜨린 포즈이다.

뽀지씨옹 우베르뜨(position ouverte)

'열려진 포지션'이라는 뜻. 제2포지션과 제4포지션은 두 발이 옆으로 벌어지거나 앞뒤로 벌어지기 때문에 뽀지씨옹 우베르뜨라고 부른다.

뽀지씨옹 훼르메(position fermée)

'닫쳐진 포지션'이라는 뜻. 제1포지션, 제3포지션, 제5포지션은 두 발이 붙거나 겹쳐지기 때문에 뽀지씨옹 훼르메라고 부른다.

뿌엥뜨(pointe)

영어의 'point'와 같은 말이다. 발레에서는 보통 '쒸르 레 뿌엥뜨(sur les pointes)'를 뜻하며 걸으면서 가볍게 바닥을 치는 자세이다

뿌엥뜨 땅뒤(pointes tendu)

'뻗어진 발끝'이라는 뜻. 발뒤꿈치를 들고 발끝을 곧게 뻗어서 마룻바닥에 붙게 한 자세이다.

뿌엥뜨(pointe)

뿌엥뜨 쎄레(pointes serré)

'팽팽한, 꼿꼿한 뿌엥뜨'라는 뜻이다.

뿌엥뜨 워크(pointes work)

토슈즈를 신고 뿌엥뜨를 수행하는 동작이나 연습을 말한다. 무용수는 항상 자연스럽게 움

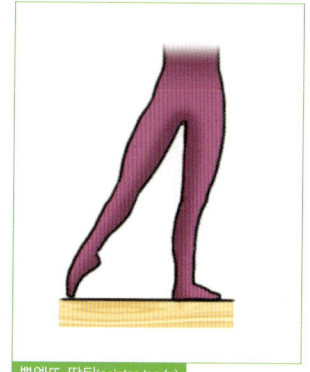
뿌엥뜨 땅뒤(pointes tendu)

직이며 동작과 동작이 부드럽게 연결되기를 바란다. 이를 위해 무용수는 발가락 끝에서부터 섬세하게 동작하려는 노력을 기울여야 한다. 특히 재빨리 움직이기를 원할 때는 발동작이 스타카토(staccato)로 경쾌하고 산뜻할 필요가 있다.

쁘띠(petit)
'작은, 작게'라는 뜻이다.

쁘띠 까브리올(petit cabriole)
다리의 움직임이 작은 까브리올을 말한다.

쁘띠 떼샤뻬(petit échappé)
드미 쁠리에(demi-plié)로 발뒤꿈치를 굴러서 두 다리를 쭉 뻗고 뛰어올랐다가 제2포지션의 드미 쁠리에로 내려서고 다시 뛰어올라, 이번에는 다른 발의 제5포지션 드미 쁠리에로 내려서는 도약의 스텝이다.

쁘띠 르띠레(petit retiré)
르띠레 동작 시, 발을 지면에서 살짝 떼어 올린다. 이때 뒤꿈치는 토(toe) 위로 들어 올린다. 이 연습의 목적은 빠른 점프를 위해 발등과 발목 관절의 유연성을 늘이는 데 있다.

쁘띠 바뜨망(petit battement)
움직이는 다리로 지탱하는 다리의 앞과 뒤를 반복해서 작게 치는 동작이다.

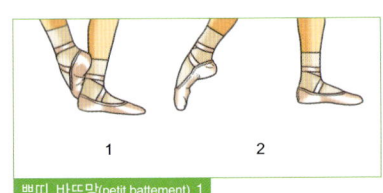

쁘띠 바뜨망(petit battement) 1

쁘띠 쒸제(petit sujet)
발레단의 지위 중에서 주역급 다음가는 조연급을 일컫는다.

쁘띠 알레그로(petit allégro)
빠른 스텝의 작은 점프 동작을 말한다.

쁘띠 에샤뻬(petit échappé)
에샤뻬 소떼(échappé sauté)처럼 점프하여 착지하기 전 공중에서 다리를 벌린 상태를 말한다.

쁘띠 바뜨망(petit battement) 2

쁘띠 에샤뻬(petit échappé)

쁘띠 쥬떼(petit jeté)
작은 던짐. 이 동작은 옆으로 뻗거나 뻗지 않은 상태로 실시할 수 있다. 쁘띠 쥬떼는 앞으로 이동하면서 다리를 뒤쪽과 앞쪽으로 들어올린다. 옆으로 실시하는 쁘띠 쥬떼는 드쒸(dessus) 또는 드쑤(dessous)로 한다.

쁘띠 쥬떼 빠쎄(petit jeté passé)
오른쪽 무릎 앞에 닿도록 왼발을 든 채 오른발로 선다. 도약하여 왼쪽 무릎에 닿도록 오른발을 앞으로 가져오며 왼발로 착지한다. 다른 쪽 발목 뒤로 발을 들어 올리면서 데리에르(derriére)로 연기할 수도 있다. 쁘띠 쥬떼는 각각의 도약마다 동일한 방향에서 반회전하며 대개 연속 동작으로 연기된다.

쁘띠 푸에떼(petit fouetté)

한쪽 다리는 뻗고 발에서 무릎까지 올린 다리를 다른 다리에다 때리듯이 친다. 이 동작은 무게 중심을 둔 다리를 곧게 펴든가 구부리든가 또는 점프하는 과정에서 연기될 수 있다.

쁘띠 푸에떼 소떼(petit fouetté sauté)

무용수는 도약하여 오른쪽 다리를 측면으로 들어 올린다. 그 다음 착지하면서 오른발을 왼발에 가로질러 때리듯이 친다. 이때 강조되는 것은 점프가 아니라 바로 이 동작이다.

쁘라네(planer)

'위로 솟아오른다'는 뜻이다.

쁘라또(plateau)

무용극에서 장치가 서 있는 무대 또는 그런 무대의 장치(setting)를 뜻한다.

쁘라스(placé)

'곳, 위치'라는 뜻. 예컨대 아 떼르(à terre)나 앙 레르(en l'air) 할 때 무용수의 몸, 팔, 다리, 머리 등이 정확한 곳, 즉 지향점을 향하고 있는가를 판별하는 데 쓰이는 말이다.

쁠라스망(placement)

발레에 적합한 체격과 뛰어난 교사의 가르침이 어우러져 바람직한 기본자세를 갖추었을 때 '좋은 쁠라스망을 가졌다'라고 일컬어진다.

쁠라스 쒸르(placé sur)

'한 장소에서' 라는 뜻. 무용수가 어떤 지점에서 동작을 하기 전에 어느 방향으로도 움직이지 않고 한 지점에 부동자세로 서 있는 순간을 가리키는 말이다.

쁠라싱(placing)

고전발레의 규칙에 따라 몸을 위치시키는 방법이다.

쁠리에(plié)

'구부리다'라는 뜻. 한쪽 또는 양쪽 무릎을 구부리는 것을 말한다.

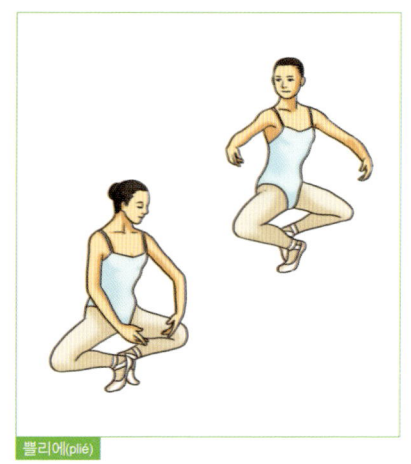
쁠리에(plié)

쁠리에 아 꺄르(plié à quart)

쁠리에는 '무릎을 굽힌다' 또는 '무릎을 꺾는다'는 뜻. 아 꺄르는 4분의 1을 굽히는 것이다. 그 밖에 드미 쁠리에(무릎을 반쯤 굽힘), 그랑 쁠리에(무릎을 힘껏 크게 굽힘) 등이 있다.

삐께(piqué)

'찌르다, 날카롭다'는 뜻. 뿌엥뜨 땅뒤(pointes tendu)를 삐께라고도 부른다.

삐께 앙 뚜르낭(piqué en tournant)

큰 원을 그리며 무대를 도는 동작을 말한다.

삐루에뜨(pirouette)

프랑스 부르고뉴 지방의 사투리인 'pirouelle'에서 나온 말로써 '제자리에서 돈다'라는 뜻. 한쪽 다리로 몸의 중심을 잡고 팽이처럼 도는 '회전하는 빠'이다. 화려하고 인기를 끄는 스텝이다.

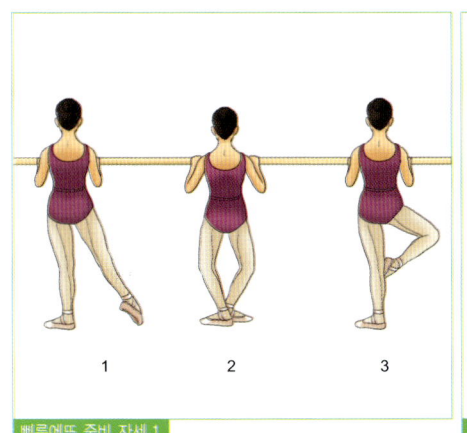

삐루에뜨 준비 자세 1

삐루에뜨 준비 자세 2

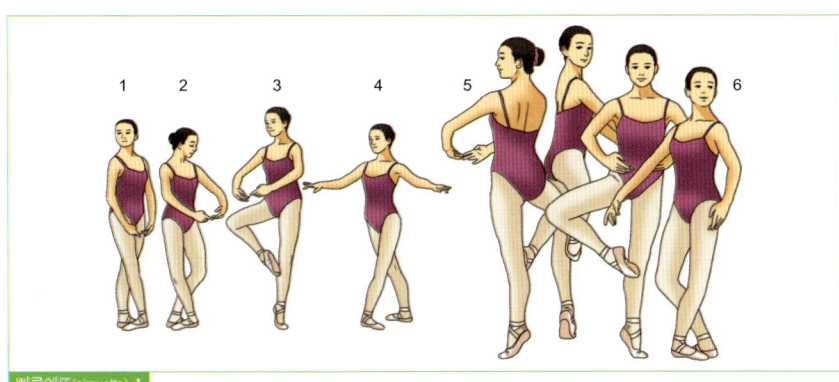

삐루에뜨(pirouette) 1

삐루에뜨(pirouette) 2

삐루에뜨(pirouette) 3

삐루에뜨(pirouette) 4

발레 사전

삐루에뜨 썽쁠(pirouette simple)

한쪽 발을 다른 다리의 발목에 붙이고 쒸르 르 꾸드삐에(sur le cou-de-pied) 회전하는 삐루에뜨를 말한다.

삐루에뜨 소떼(pirouette sauté)

무용수가 점프하지 않지만 한쪽 다리를 올린 채 회전한다. 다리와 몸이 회전하도록 하는 여러 민첩한 동작들에서 발의 앞바닥 부분으로 돈다. 소떼(sauté) 때문에 그 의미를 오해하기 쉬운 용어이다.

삐루에뜨 아벡크 라 프레빠라씨용 데가제(pirouette avec la prparation dégagé)

프레빠라씨용 데가제의 준비 동작을 곁들인 삐루에뜨라는 뜻이다.

삐루에뜨 알라 까트리엠므(pirouette à la quatriéme)

제4포지션(발을 뒤로 벌린 포지션)에서 회전하는 삐루에뜨이다. 한 바퀴 회전한 뒤에 제4포지션으로 돌아와서 멎는다.

삐루에뜨 알라 스꽁드(pirouette à la seconde)

제2포지션 앙 레르(한쪽 다리를 수평으로 올린 제2포지션)에서 회전하는 삐루에뜨이다. 그랑 삐루에뜨(grand pirouette)라고 불릴 만큼 움직임이 큰 프레빠라씨용(준비 동작)을 필요로 하게 된다. 알라 스꽁드의 프레빠라씨용을 특히 그랑 프레빠라씨용이라고 부르기도 한다.

삐루에뜨 알라 쌩끼엠므(pirouette à la cinquieme)

제5포지션(발을 겹친 포지션)에서 회전하는 삐루에뜨이다. 알라 까트리엠므와는 달리 두 팔의 동력만으로 회전해야 하는 어려움이 있다.

삐루에뜨 앙 아띠뜌드(pirouette en attitude)
아띠드뜌의 포즈로 삐루에뜨를 하는 경우를 말한다.

삐루에뜨 앙 아라베스끄(pirouette en arabesque)
아라베스끄의 포즈로 삐루에뜨를 하는 경우를 말한다.

삐보떼(pivoté)
축을 중심으로 '돈다, 회전한다'라는 의미이다. 삐보떼는 지지하는 발의 뒤꿈치를 마룻바닥에 붙여 회전함으로써 이루어질 수 있다.

삐스톨레(pistolet)
'비둘기의 날개'라는 뜻. 엘르 드 삐종(ailes de pigeon)과 같다.

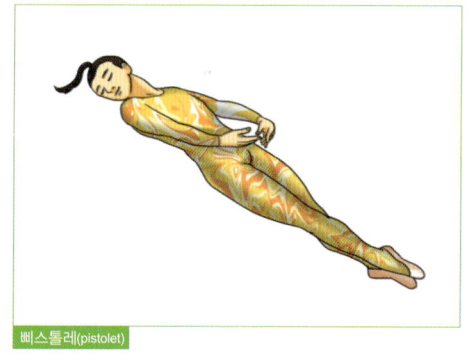
삐스톨레(pistolet)

삐에(pied)
'발'이라는 뜻이다.

삐에띠네(pietiner)
화가 난 듯 '두 발로 바닥을 구르는 동작'을 일컫는다.

삐에 쒸르 라 뿌엥뜨(pied sur la pointes)
마룻바닥에서 발끝으로 서는 경우를 말한다.

삐에 아 꺄르(pied à quart)
발뒤꿈치가 수직에서 1/4 정도 마룻바닥으로부터 떠 있는 상태를 말한다.

삐에 아 드미(pied à demi)
발뒤꿈치가 마룻바닥에서 45° 쯤 떠 있는 상태를 말한다.

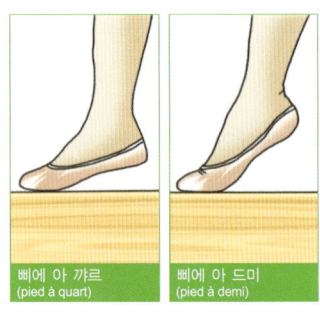

삐에 아 꺄르
(pied à quart)

삐에 아 드미
(pied à demi)

삐에 아 떼르(pied à terre)
발을 마룻바닥에 붙였을 경우를 말한다.

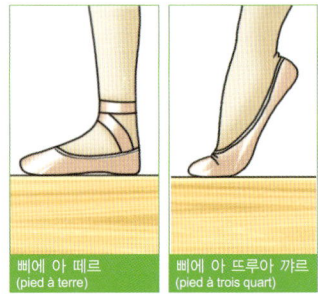

삐에 아 떼르
(pied à terre)

삐에 아 뜨루아 꺄르
(pied à trois quart)

삐에 아 뜨루아 꺄르(pied à trois quart)
발뒤꿈치가 수직에서 3/4 정도 마룻바닥으로부터 떠 있는 상태를 말한다.

삐에 아 뿌엥뜨(pied à point)
발끝으로 서는 경우를 말한다. 삐에 쒸르 라 뿌엥뜨와 같은 의미의 말이다.

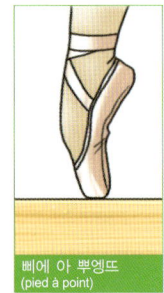

삐에 아 뿌엥뜨
(pied à point)

ballet dictionary

발레
사전
ㅅ

사라방드(Sarabande)
3박자의 느린 무곡(舞曲)을 말한다. 페르시아가 기원인데, 16세기 무렵 에스파냐를 통해 유럽에 전해졌다.

사이콜러지컬 발레(psychological ballet)
심리발레극을 말한다. 앤터니 튜터(Antony Tutor)의 일부 발레극을 묘사하기 위해 만들어진 용어로 다른 안무가들에 의해 계속해서 모방되었다. 튜터는 사람들이 무엇을 했는지를 넘어 왜 그렇게 했는지까지 보여주려고 시도했던 최초의 안무가였다.

삼각모자(Le Tricorne)
1919년 작. 마신(Massine)이 대본과 안무, 파야(Falla)가 음악을 맡은 발레 작품이다. 집시의 춤인 플라멩코를 비롯해 다양한 스페인 문화를 접목시킨 클래식발레로, 영국 런던 알함브라극장에서 초연되었다.

생쁠르(simple)
'보통의'라는 뜻.

샤쎄(chassé)
한쪽 발을 다른 쪽 발이 쫓아가는 듯하기 때문에 '쫓는다'라는 뜻으로 쓰인다. 두 무릎을 굽힌 채 어느 방향으로든 발을 미끄러뜨리는 것, 이때 무게중심은 두 발 사이에 고르게 남아 있어

샤쎄(chassé)

야하며 양쪽 발이 동시에 마룻바닥을 떠나지 않는 것이 원칙이다.

샤쎄 빠쎄(chassé passé)

보통 닫힌 포지션으로부터 한쪽 발로 곡선을 그리며 다른 쪽 발목 주위를 지나쳐 바닥을 따라 그 발을 밀어낸다.

샤쎄 쌩쁠르(chassé simple)

두 발이 동시에 마룻바닥을 떠나지 않고 미끄러지듯 이동하는 동작을 말한다.

샤쎄 알떼르나띠프(chassé alternatif)

두 발이 쫓고 쫓기는 듯 미끄러져 가는 샤쎄를 프랑스파에서 이렇게 말한다.

샹젤리제극장(Théâtre de Champs-Elysées)

프랑스 파리 몽테뉴가에 위치한 극장이다. 3천여 개의 객석을 갖춘 극장으로, 발레와 연극 공연이 주로 열린다. 1913년 문을 열자마자 세르게이 디아길레프(Sergei Diaghilev)의 러시아 발레단을 소개한 이후 국내외 유명 발레단과 무용수들이 잇따라 초대되었다.

샹즈망(changement)

원래 의미는 '변화'인데, 발의 위치를 바꾼다는 뜻이다. 즉, 공중에서 발을 바꾸는 도약이다.

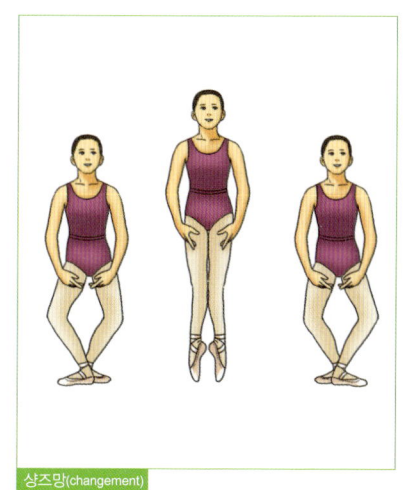

샹즈망(changement)

샹즈망 드 삐에(changement de pieds)
도약하면서 두 발의 앞뒤 위치를 바꾸는 스텝이다.

샹즈망 드 삐에 바뛰(changement de pieds battu)
발을 맞부딪치며 교차시키는 동작이다. 이것은 무용수가 탄력성 있는 스텝으로 공중에서 발을 바꾸고 바닥에 내릴 때는 뒤쪽 발이 앞으로 놓이게 되는 제5포지션이 되는데, 쁘띠(petit)와 그랑(grand)의 두 종류가 있다. 바뛰(battu)는 '서로 맞부딪친다'는 의미로, 어떤 동작에서든지 그것을 더욱 아름답게 꾸미는 효과를 노린다.

서포팅 레그(supporting leg)
체중을 지탱하는 다리를 일컫는다.

선각자(Harbinger)
1967년 작. 세르게이 프로코피예프(Sergei Prokofiev)의 음악에 엘리엇 펠드(Eliot Feld)가 대본과 안무를 담당했다. 재즈(Jazz) 요소가 가미되는 등 현대적인 면모를 갖춘 발레 작품으로, 당시 미국의 젊은 세대들이 느꼈던 다채로운 감정들을 표현하고 있다.

성조기(Stars and Stripes)
1958년 작. 존 필립 소사(John Philip Sousa)의 음악에 조지 발란신(George Balanchine)이 안무를 담당했다. 미국 무용사를 소재로 삼고 있는 작품이다. 단막 발레로, 미국 뉴욕시티센터에서 뉴욕시티발레단이 초연했다.

세헤라자데(Scheherazade)

1909년 작. 림스키 코르사코프(Rimskii-Korsakov)의 음악에 미하엘 포킨(Michel Fokine)이 안무를 담당한 발레 작품이다. 세르게이 디아길레프(Sergei Diaghilev)가 조직한 발레뤼스발레단의 파리 데뷔작인데, 수준 높은 안무와 화려한 디자인으로 큰 인기를 끌었다. 프랑스 파리오페라극장에서 초연되었다.

센(scene)

영어의 'sceen'에 해당하는 '장면'이라는 뜻. 발레의 경우는 보통 센 닥씨용(scene d'ation : 묵극적인 장면)을 말한다.

센 닥씨용(scene d' action)

무용극에서 묵극(默劇) 중심의 장면을 말한다.

센터 오브 발란스(center of balance)

어떤 동작에서든 몸의 중심을 잡기 위한 상상의 선을 일컫는다.

센터 프랙티스(center practice)

바(barre)를 떠나 중앙에서 연습하는 것을 말한다. 이것은 무용수가 근육과 조절 상태에 관해 최종 점검을 하는 것이다. 무용수는 이 시점 이후에 동작의 개별 연습에 집중하는 대신 그 모두를 통합한다.

소떼(sauté)

'점프하다', '도약하다'라는 뜻이다.

손의 다양한 포지션

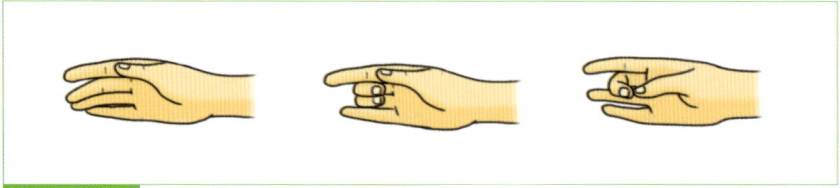

손의 다양한 포지션

솔리스트(soloist)

독무(獨舞)를 추는 무용수를 말한다.

쇼송(chauson)

프랑스에서는 토슈즈(toe shoes)를 이렇게 부른다.

수수께끼변주(Enigma Variations)

1968년 작. 에드워드 엘가(Edward Elgar)의 음악에 프레드릭 애쉬튼(Frederick Ashton)이 안무를 담당했다. 영국 빅토리아 왕조 시대를 배경으로, 작곡가 엘가가 자신의 아내와 친구를 묘사하는 내용이다. 영국 코번트가든에서 초연됐다.

수트 엉 블랑(Suite en Blank)

1943년 작. 에드워드 랄로(Edward Lalo)의 음악에 세르주 리파(Serge Lifar)가 안무를 담당했다. 추상발레 작품으로, 스위스 취리히에서 파리오페라극장발레단이 초연했다.

슈망(chemin)

17세기 발레에서 안무의 핵심이었던, 무용수의 발자취로 그려지는 무대 위의 선을 말한다. 슈망은 원래 '길'이라는 뜻이다.

슈투트가르트국립극장(Staatstheater Stuttgart)
독일 바덴뷔템베르크 주 슈투트가르트에 위치한 국립 극장이다. 1902년 화재로 소실되었던 왕립 궁정 극장을 1912년에 새롭게 건축했다. 모두 4곳의 공연장이 있으며 오페라와 연극, 발레 공연이 이루어진다.

슈투트가르트발레단(Stuttgart Ballet)
1609년 독일 슈투트가르트에서 설립된 발레단이다. 〈로미오와 줄리엣〉, 〈예프게니 오네긴〉, 〈말괄량이 길들이기〉 같은 고전을 무용적으로 새롭게 해석하고 외국에서 뛰어난 무용수들을 발굴해 함께하면서 세계적인 명성을 얻게 되었다. 발레리나 강수진이 활약한 덕분에 한국과도 매우 친숙한 발레단으로 여겨진다.

스꽁드(second)
'제2의, 두 번째의, 제2차의'라는 뜻의 프랑스어이다.

스꽁드 그랑(second grande)
큰 2번의 위치로 공중에 뛰는 것을 말한다.

스꽁드 까드리으(second quadrille)
무용수 직제 중에서 군무(群舞)에 나오는 그룹의 하위 단원을 말한다.

스따지예르(stagiaires)
무용수의 지위를 구분하는 용어로, '실습생, 연수자'라는 뜻이다.

스웨덴왕립발레단(Royal Swedish Ballet)

1773년 스웨덴 스톡홀름에서 설립된 발레단으로, 국왕 구스타프 3세가 만든 오페라단이 그 뿌리이다. 20세기 들어 러시아 출신 안무가 미하엘 포킨(Michel Fokine)과 조지 발란신(George Balanchine)의 지도를 받고 영국 로열발레단의 단원들을 받아들이면서 국제적인 실력과 명성을 얻게 되었다.

스쿨(school)

'학파'라는 뜻으로도 쓰인다.

스케이트 타는 사람들(Les Patineurs)

1937년 작. 메이어비어(Meyerbeer)의 음악에 프레드릭 애쉬튼(Frederick Ashton)이 안무를 담당했다. 스케이트장에 모인 사람들의 흥겨움을 표현한 발레 작품이다. 영국 런던 세즐러즈 웰즈극장에서 빅웰스발레단이 초연했다.

스케이트 타는 사람들(Les Patineurs)

스탠스(stance)

똑바로 서 있을 때의 몸의 자세를 말한다.

스텝텍스(Steptext)

1984년 작. 바흐(Bach)의 음악에 폴시드(Forsyth)가 안무를 담당한 발레 작품. 무용수들에게 새롭고 극단적인 시도를 요구한 작품으로 알려져 있다.

스트레칭(stretching)

몸과 팔다리를 쭉 펴는 것을 말한다. 흔히 발은 제1포지션으로 하고, 양손으로 바(barre)를 잡아 실시한다. 스트레칭은 당일의 몸 상태를 체크하거나 굳어 있는 부분을 풀어줄 때, 몸의 유연성을 유지시키고자 할 때 도움이 된다. 그러나 무리하게 근육을 스트레칭해서는 안 된다. 자칫 인대가 늘어나거나 오히려 근육이 경직되는 부작용을 초래하기 때문이다. 가장 올바른 스트레칭 시간은 90초 이상이라는 의견이 지배적이다. 하지만 개인차가 있으므로 무용수 스스로 자신의 판단에 따라 시간을 정하는 편이 낫다. 한편, 스트레칭으로 늘어나는 근육은 길항근이다. 만약 그것이 굳어 있으면 주동근의 동작을 방해하게 된다. 그러므로 턴 아웃을 할 때는 대퇴를 턴 아웃시키는 근육이 아니라 그에 대응하는 길항근 쪽을 스트레칭하는 것이 바람직하다.

스트레칭(stretching) 1

스트레칭(stretching) 2

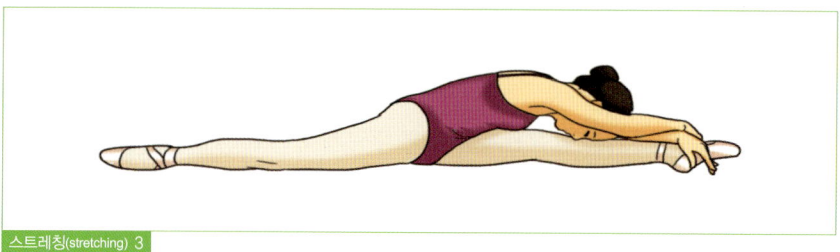

스트레칭(stretching) 3

스트레칭(stretching) 4

스트레칭(stretching) 5

스파르타쿠스(Spartacus)

1968년 작. 하차투리안(Khachaturian)의 음악에 그리그로비치(Grigrovich)가 대본과 안무를 담당한 발레 작품이다. 로마 제국의 검투사 스파르타쿠스가 주도한 노예 반란을 바탕으로 이야기를 전개해 많은 인기를 끌었다. 러시아 모스크바의 볼쇼이극장에서 초연되었다.

스포팅(spotting)

'한 지점에 시선을 모으는' 테크닉이다. 반복된 빠른 회전을 하면서도 균형을 유지하게 한다. 발레 테크닉에 있어 비교적 최근에 첨가된 기술이다.

시골에서의 한 달(A Month in the Country)

1976년 작. 프레데릭 쇼팽(Frédéric Chopin)의 음악에 에쉬톤(Ashton)이 안무를 담당한 발레 작품이다. 나탈리아 페트로프나와 그를 지키는 베라, 그리고 그의 선생 벨리아에프 사이의 삼각관계를 다룬 뚜르게네프(Turgenev)의 소설을 토대로 만들어졌다.

식욕이상항진증(bulimia)
폭식하고 토해내기를 반복하는 증상을 말한다.

신경계는 몸 안의 컴퓨터
신경계(nervous system)는 신체의 움직임과 그 내부에서 일어나는 모든 활동을 컨트롤한다. 신경계를 구성하는 요소는 뇌와 척수, 신경섬유이다. 이 가운데 뇌와 척수는 중추신경계라고 불린다. 척수와 신체의 각 부위를 연결하는 신경섬유는 말초신경계이다. 신체 각 부위를 신속하게 연결시키는 신경계는 몸 안의 컴퓨터라고 할 수 있다. 이를테면 중추신경계는 무용수가 어떤 동작을 취하려는 순간 그 움직임을 실행시키는 데 필요한 복잡한 프로그램을 만들어낸다.

신경성식욕부진증(anorexia)
거식증(拒食症). 아직까지 의학적으로는 젊은 여성들이 걸리기 쉬운 이런 식사 장애에 관해 거의 알려진 바가 없다. 그러나 식욕 부진이든 아니든 모든 여성 무용수는 자신의 몸무게에 집착을 한다. 이러한 관심은 미적인 필요라기보다는 실용성에 근거하는데, 남자 무용수들은 몸무게가 나가 보이는 여자 무용수와 파트너하기를 꺼리는 것으로 알려져 있기 때문이다.

신데렐라(Cinderella)
1948년 작. 프로코피에프(Prokofiev)의 음악에 에쉬톤(Ashton) 등이 안무를 맡았다. 심술궂은 두 언니 사이에서 왕자와 사랑을 꽃피우는 신데렐라에 관한 샤를 페로(Charles Perrault)의 유명한 동화를 기초로 한 작품이다. 영국 런던 로열오페라하우스에서 새들러스웰스발레단이 초연했다.

신체를 고정시키는 구조

인체에서 뼈를 연결시켜 골격의 안정을 유지하는 것은 인대(ligament)이다. 인대는 유연하지만 탄력성이 없고 쉽게 늘어나지 않는데, 한번 늘어나면 결코 원상태로 돌아오지 않는다. 관절을 고정시키는 인대 중 매우 긴 것을 '이중관절'이라고 한다. 이것의 특징은 느슨하다는 것인데, 여성 무용수의 경우 유연성이 요구되므로 이중관절이 도움이 되고는 한다. 한편 인대의 섬유 일부에 파열이 생기는 것을 염좌(sprain)라고 한다. 대개 2~3주면 다 나은 것처럼 느껴지지만 원상태로 회복되려면 약 1년 정도가 걸린다. 그러므로 이 기간에는 무리한 트레이닝을 하지 않는 것이 좋다.

신체조건

무용수는 팔다리가 긴 체형이 좋다. 다리는 곧고 발바닥 가운데가 튼튼해야 한다. 고관절 부위는 유연해 180° 정도로 턴이 가능할 만큼 움직여야 한다. 골반이 너무 좁으면 턴 아웃(turn-out)에 영향을 받는다. 등은 강하고 곧아야 하며, 머리는 모양이 단정하고 다른 신체 부위에 비해 도드라져 보이면 안 된다. 팔의 경우 별다른 힘을 필요로 하지 않는 여성 무용수는 모양이 보기 좋고 유연해야 한다. 남성 무용수는 파트너를 들어 올리기 위해 근육이 발달해야 하지만, 지나친 것은 바람직하지 않다. 그 밖에 인대가 정상적인 길이라야 하고, 골격과 근육이 조화롭게 발달되어야 한다. 무용수가 그처럼 균형 잡힌 신체조건을 갖추지 못하면 평형 상태를 유지하는 데 어려움이 따른다.

심포니발레(symohonic ballet)

심포니, 즉 교향곡을 사용한 발레를 말한다. 1933년 무렵 레오니드 마신(Leonide Massine)이 처음 시도했는데, 당시 유명 음악가들의 교향곡에 발레를 접목시킨다는 발상은 큰 화제를 불러모았다. 마신은 심포니발레로 추상적인 무용을 진지한 음악에 맞춰 연기하는 유행을 일으켰으며, 그러한 태도는 발레에 대한 새로운 기준을 확립하게 했다.

십인무(十人舞)

1955년 작. 알렉산드르 글라주노프(Alexander Glazunov)의 음악에 조지 발란신(George Balanchine)이 안무를 담당했다. 경쾌하고 화려한 분위기의 발레 작품으로, 미국 뉴욕시티센터에서 뉴욕시티발레단이 초연했다.

싸보띠에르(sabotiére)

프랑스 댄스로 러시아의 발레 거장 니콜라이 르갓(Nicolai Legat)이 공연을 위해 특별히 안무했다. 소년과 소녀가 만나 함께 춤을 추고 서로 입맞춤을 하는 이야기로 전개된다.

싸보띠에르(sabotiére)

쌀 오우뚜르 드 라(salle autor de la)

'방의 둘레'라는 뜻. 일종의 돌아가는 동작이나 스텝에서 조화를 유지시키는 체케티 메소드(cecchetti method)의 방향선 유지를 위한 방법이다.

썅 샹제(sans changer)

'변화 없이 그대로'라는 뜻이다.

썅트르 바(centre barre)

바에서 연습하는 기초 동작들과 관계된 것으로, 바에 지탱하지 않고 방의 한가운데에서 실시된다.

쎄끼엠므 뽀지씨용 아나방(cinquième position en avant)

팔을 벌려 가슴을 안은 듯한 제5포지션을 말한다.

쎄끼엠므 뽀지씨용 앙 바(cinquième position en bas)

제5포지션 앙 오를 앞으로 내린 자세를 말한다.

쎄끼엠므 뽀지씨용 앙 오(cinquième position en haut)

물동이를 일 때처럼 두 팔을 머리 위로 올린 포즈를 말한다.

쎄레(serré)

'팽팽한, 밀접한, 꼿꼿한'이라는 뜻이다.

쎄르뻬뜨(serpette)

다리가 엉덩이에서 발목까지 곧게 이어지는 대신 어떤 일직선의 각도를 이룰 때 '꺾었다'라는 의미로 쓰는 용어이다. 무용수가 지나치게 발을 꺾는 경우 다리의 라인을 무너뜨리게 된다.

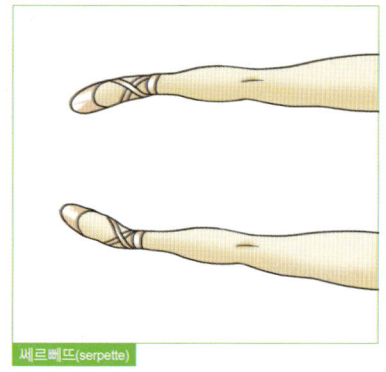

쎄르뻬뜨(serpette)

쏘(saut)

무용수가 양발로 도약하여 동일 포지션으로 착지하는 도약이다.

쏘 드 랑쥬(saut de l'ange)

'천사의 도약' 또는 '천사의 걸음'이라는 뜻. 다리를 약간 구부리고, 무릎은 약간 벌린 자세가 되는 것이 특색이다. 머리 부분의 모습이 둥근 활의 모양처럼 우아해서 마치 천사 같다 하여 붙여진 말이다.

쏘 드 바스끄(saut de basque)

바스끄풍의 스텝으로, 뛰면서 회전하는 민속 무용적인 호방한 스텝이다. 무용수는 두 무릎을 굽히고 무대 앞 오른쪽 모서리를 향하여 오른쪽 다리로 준비 스텝을 한다. 그 다음 곧게 편 왼쪽 다리를 그 모서리를 향하여 앞으로 던져 올린다. 그 후 왼쪽 다리는 몸 아래로 오른발은 왼쪽 무릎이나 발목을 향해 끌어올린 채

쏘 드 바스끄(saut de basque)

수직 포지션으로 점프하고, 이 포지션에서 공중에서 오른쪽으로 회전한다. 이 같은 르띠레(retiré) 포지션에서 정면을 향해 착지한 후에 똥베(tombér)를 연기하고, 필요하다면 이 스텝을 반복할 수도 있다.

쏘 드 샤(saut de chat)
'고양이의 도약'이라는 뜻. 무릎을 옆으로 올리는 대신 발은 라꾸르시 데리에르(raccourci derriere)로 올리는 것이 특색이며, 두 무릎과 발이 공중에 뜨게 뛰어오른 뒤 나중에 내려오는 발은 라꾸르시 드방(raccourci devant)이 되는 동작이다.

쏘 드 플레쉬르(saut de flechir)
쏘(saut)는 '계속해서', 플레쉬르(flechir)는 '구부린다'는 뜻이다. 따라서 이 말은 '계속 구부리라'는 의미이다. 스텝이나 동작을 여러 번 되풀이할 때 쓰이며 갖가지 동작 앞에 붙여서 사용한다.

쏘떼(sauter)
드미 쁠리에 자세에서 공중으로 뛰어올라 발을 충분히 뻗으면서 무릎과 등을 곧게하고 다시 드미 쁠리에 자세로 돌아오는 자세이다.

쏠리테어(Solitaire)
1956년 제작된 발레 작품. 아놀드(Arnold)의 음악에 맥밀란(Macmillan)이 안무를 담당했다. 언제나 다른 아이들과 어울리고 싶어하지만 항상 외톨이가 되어버리는 한 소녀의 이야기이다.

쏘떼

쑤뜨뉘(soutenu)

'떠받치는'이라는 뜻이다. 천천히 또는 지연되는 모양새의 동작으로, 쑤뜨뉘로 연기된 고도의 점프는 마치 느린 화면의 영화를 보는 듯이 유연하고 안정된 인상을 준다.

쑤부르쏘(soubresaut)

말이 놀라서 뛰어올랐을 때와 같은 도약을 말한다. 즉, 두 발로 마룻바닥을 차고 뛰어올랐다가 두 발이 함께 내려오는 도약의 스텝이다. 몸을 곧추세우고 하는 점프로 양다리는 달라붙어 있고 바뀌지도 않는다.

쑤부르쏘(soubresaut)

쑤부르쏘 르띠레(soubresaut retiré)

오직 양발만이 서로 달라붙어 있고, 양쪽 다리는 굽혀져 있는 쑤부르쏘를 말한다.

쑤부르쏘 뿌와쏭(soubresaut poisson)

등을 활 모양으로 굽히고 연기하는 쑤브르쏘이다. 전체 형태는 위로 올려진 양손에서부터 양발까지 곡선을 이룬다. 무용수는 착지하면서 뒤쪽에 둔 발을 살짝 들어 올린다.

쑤부르쏘 뿌와쏭(soubresaut poisson)

쑤부르쏘 쒸르 레 뿌엥뜨 (soubresaut sur les pointes)

토(toe)로 도약하여 조금씩 이동하면서 두 다리를 함께 밀착하여 붙인다.

쑤 쒸(sous-sus)

'밑으로, 뒤로'라는 뜻. 앞이나 뒤, 또는 옆으로 움직이는 를르베(relevé)이다. 쑤브르소(soubresaut)와 비슷하지만, 양발을 뿌엥뜨(pointe)하면서 를르베하는 것이 다르다.

쒸뜨 드 당쓰(suite de danxe)

스토리가 없는 것으로 무용극이 아닌 발레의 모음곡을 의미한다. 미하엘 포킨(Michel Fokine)의 〈레 실피드(Les Sylpides)〉가 대표적인 작품이다.

쒸르(sur)

'~위에', '~에 의지하여'라는 뜻이다.

쒸르 레 뿌엥뜨(sur les pointes)

토슈즈(toe shoes)를 신고 발가락 끝으로 수직이 되게 서는 것을 말한다. 발뒤꿈치를 들 때는 대개 쒸르 라 드미 뿌엥뜨(sur la demi point)가 되며, 여성 무용수가 토슈즈를 신었을 때만 쒸르 레 뿌엥뜨로 설 수 있다.

쒸르 르 꾸드삐에(sur le cou-de-pied)

직역하면 '발목 위에'라는 뜻인데, 한쪽 발을 다른 쪽 발목에 붙이는 것을 말한다.

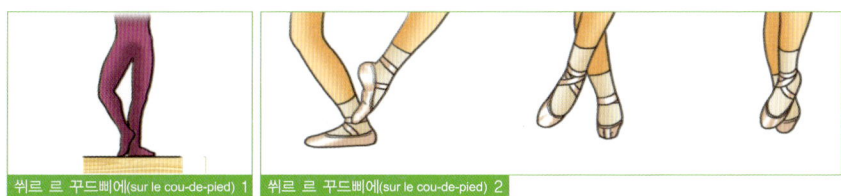

쒸르 르 꾸드삐에(sur le cou-de-pied) 1   쒸르 르 꾸드삐에(sur le cou-de-pied) 2

쒸르 르 꾸드삐에 데리에르(sur le cou-de-pied derriére)

쒸르 르 꾸드삐에 드방의 경우와 반대로 발바닥이 뒤에서 접촉했을 경우를 말한다.

쒸르 르 꾸드삐에 드방(sur le cou-de-pied devant)

몸을 지탱하는 다리의 발목 위에 다른 발의 발바닥이 접촉하는 것인데, 발바닥이 앞으로 접촉했을 경우를 말한다.

쒸르 쁠라스(sur place)

'바로 그 자리', '한 점'이라는 의미. 어떤 지점에서 연기된 하나의 스텝이나 전체가 하나로 이어지는 연속 스텝을 말한다. 〈백조의 호수〉에 나오는 흑조의 32회 푸에떼는 쒸르 쁠라스로 연기되어야 한다. 일단 무용수가 통제력을 잃고 한 지점에서 움직이기 시작하면 그 연속 동작을 성공적으로 마무리하기가 더욱 힘들어진다.

쒸제(sujets)

무용수 지위 중 세 번째 등급에 해당하는 솔로 무용수를 말한다.

씨쏜느(sissonne)

두 발로 뛰어올라 한 발로 뛰는 도약 빠(pas)의 총칭. 따라서 씨쏜느의 종류에는 여러 가지가 있다.

씨쏜느(sissonne) 1

씨쏜느(sissonne) 2

씨쏜느 드쑤(sissonne dessous)

공중으로 뛰어오르는 순간 두 다리를 가지런히 뻗치는 동작이다.

씨쏜느 드쒸(sissonne dessus)

체케티파에서는 씨쏜느 훼르메(sissonne fermée)를 이렇게 부른다.

씨쏜느(sissonne) 3

씨쏜느 똥베(sissonne tombér)

쥬떼 앙 뚜르낭(jeté en tournant)의 프레빠라씨용(preparation)으로 쓰이는 빠. 드미 쁠리에(demi-plié)에서 수직으로 뛰어올라 발을 바꾸어 내려서면 몸의 중량을 이동시킴으로써 쥬떼 앙 뚜르낭으로 들어간다.

씨쏜느 생쁠르(sissonne simple)

데리에르(derriére)나 꾸드 삐에 드방(cou-de-pied devant)의 착지 상태에서 두 발로 점프하는 동작을 말한다.

씨쏜느 쌩쁠르 쒸르 레 뿌엥뜨(sissonne simple sur les pointes)

한쪽 다리가 발끝으로 섰다가 다시 드미 쁠리에(demi-plié)로 돌아오는 씨쏜느이다.

씨쏜느 엘베(sissonne elevee)

남성 무용수가 여성 무용수를 들어 올려서 다리를 열게 하는 씨쏜느를 말한다. 남과 여의 빠 드 되에 쓰인다.

씨쏜느 우베르뜨(sissonne ouverte)

우베르뜨(ouverte)는 '열렸다'는 뜻. 드미 쁠리에(demi-plié)로 뛰어오르면서 두 다리를 뻗어 옆으로 뛰어내리는데, 뛰어오른 순간 한쪽 다리를 굽혀서 오른쪽 다리의 무릎으로 갔다가 내려올

씨쏜느 우베르뜨(sissonne ouverte)

때는 90° 정도로 높이 올려진다. 즉, 두 다리가 열린 상태에서 스텝이 끝나기 때문에 '열린 씨쏜느'라고 하는 것이다. 마지막 포즈에서 높이 올려진 다리의 방향은 앞, 옆, 뒤 어느 방향으로 해도 상관없다.

씨쏜느 훼르메(sissonne fermé)

'닫쳐진 씨쏜느'라는 뜻. 도약하는 순간 옆으로 뛰면서 한쪽 다리를 벌렸다가 내리면서는 닫치는 자세가 된다.

씨조(ciseaux)

'다리 놀리기' 동작이다. 마치 가위의 움직임처럼 쒸르 라 뿌엥뜨의 2번 동작에서 발(다리)을 크게 벌린다든가, 앙 레르의 2번 동작에서 점프와 동시에 공중에서 다리를 크게 벌리는 동작이 바로 그것이다.

씨쏜느 훼르메(sissonne fermé)

ballet dictionary

ㅇ

발레 사전

아나리에르(en arriére)

'뒤쪽으로'라는 뜻이다. 관객석 쪽에서 멀리 무대 뒤쪽으로 발을 옮길 때의 자세이다.

아나방(en avant)

'앞쪽으로'라는 뜻이다. 무용수의 스텝이 관객을 향해 앞으로 연기됨을 지시할 때 사용된다.

아나스타시아(Anastasia)

1971년 작. 차이코프스키(Tchaikovsky)와 마르티누(Martinú)의 음악에 케네스 맥밀런(Kenneth Macmillan)이 안무를 맡았다. 실존 인물인 러시아의 마지막 황제 니콜라이 2세의 딸 아나스타시아를 등장시킨 작품으로 화제가 되었다. 영국 코번트가든왕립오페라극장에서 로열발레단이 초연했다.

아다쥬(adage)

발레 클래스 연습의 일부로 밸런스와 우아한 곡선미를 보이는 느린 움직임이 빠와 포즈의 연속으로 이루어진다. 대개의 경우, 남성 무용수의 지지를 받으며 여성 무용수가 추는 춤이다. 남성 무용수가 들어 올리고, 붙잡고, 받쳐줌으로써 여성 무용수의 섬세함, 균형, 회전 능력을 보여주는 것이다.

아따끄(attaque)

'공격성'이라는 뜻. 매우 분명하고 과단성이 있으며 일정한 방식으로 스텝을 하는 무용수를 일컬어 공격성을 지니고 있다고 말한다.

아떼르(à terre)

'땅 위에'라는 뜻. 발바닥이 완전히 마룻바닥에 붙어 있을 때를 말한다.

아띠뜌드(attitude)

몸은 한쪽 다리로 받쳐지고 다른 한쪽 다리는 무릎을 90°로 꺾어서 뒤로 들어 올리는 포즈를 말한다. 이때 들리는 다리 쪽의 팔은 제4포지션으로 높이 들게 되고, 다른 팔은 대개의 경우 수평이 된다. 흔히 이탈리아파 무용수들은 들어 올리는 발을 무릎 아래에 두며, 러시아파 무용수들은 그 발을 무릎보다 위쪽으로 올린다.

아띠뜌드(attitude) 1

아띠뜌드(attitude) 2

아띠뜌드(attitude) 3

아띠뜌드(attitude) 4

아띠뜌드 그레퀴(attitude grecque)

그리스식 아띠뜌드를 일컫는다.

아라베스끄(arabesque)

어원은 나뭇가지나 잎 또는 소용돌이 모양을 이용한 고대 장식용 디자인 형태를 묘사한 말이다. 한쪽 다리로 서서 밸런스를 잡고 다른 한쪽 발을 뒤로 뻗은 포즈이다. 아라베스끄가 아띠뜌드(attitude)와 다른 점은 들리는 다리가 90° 이상으로 벌려지고, 몸을 받치는 다리와 함께 구부려서는 안 된다는 점이다. 아라

아라베스끄(arabesque) 1

아라베스끄(arabesque) 2

아라베스끄(arabesque) 3

베스끄는 여성의 포즈인 만큼 쒸르 라 뿌엥뜨로 서는 경우가 보통이며, 그래야 만 손끝에서 발끝까지 인간의 육체가 그리는 가장 길고 아름다운 수평선의 포즈가 된다. 그 예로 〈잠자는 숲 속의 미녀(The Sleeping Beauty)〉에 나오는 파랑새 (the blue bird) 빠 드 되에서 발레리나가 등장할 때, 몸을 반듯이 세우고 아라베스끄를 연기한다.

아라베스끄 알롱죄 아떼르(arabesque allongée à terre)

아라베스끄의 변형이다. 양쪽 발을 마룻바닥에 붙인 채 앞다리를 직각으로 굽히고 뒷다리를 뻗어서 상체와 일직선이 되게 하는 포즈를 말한다.

아라베스끄 팡쎄(arabesque penchée)

아라베스끄의 변형. 무용수가 지면 쪽으로 몸을 기울이는데, 이때 쳐든 뒷발부터 아래쪽으로 낮게 쭉 뻗친 한 손 혹은 두 손까지 이어지는 라인이 사선을 이룬다. 팔을 뒤로 뻗은 채 할 수도 있다. 아라베스끄 팡쎄를 실행하려면 보통 한쪽 다리는 아라베스끄로 곧게 편 채 서 있고, 그 뒤 몸과 쳐든 다리가 일직선이 되도록 유지하며 아

아라베스끄 팡쎄(arabesque penchée)

래위로 번갈아 움직인다. 그 예로 〈코펠리아(Coppélia)〉 2막에서, 스와닐다가 코펠리우스 박사로부터 거울을 가져갈 때 아라베스끄 알롱쥬로 스텝을 밟고 그 자리에서 천천히 회전하다가 아라베스끄 팡쎄로 이동한다.

아롱디(arrondi)

'곡선을 그린다'는 뜻. 바뜨망 아롱디(battement arrondi) 등에 사용된다.

아르께(arqué)

흔히 '안짱다리'라고 하는 O자형의 다리를 말한다. '가장 아름다운 다리는 곧게 뻗은 다리이다'라는 생각은 사람들이 흔히 범하는 오류라는 주장도 있다. 왜냐하면 완전하게 곧은 다리는 거의 드물어서 거기에 대한 어떤 개별적인 명칭도 필요하지 않다는 것이다.

아르띠스뜨(artiste)

프랑스어인 아르띠스뜨는 가수나 무용수 같은 전문 연기자를 뜻한다. 그에 비해 아티스트(artist)의 정의는 좀더 범위가 넓다. 화가를 포함해서 예술 종사자, 아르띠스뜨 혹은 아티스트와 관련된 자질을 지니고 헌신적으로 작업하는 사람, 나아가 모든 열성가를 지칭한다. 발레에서 이 단어는 단지 기술을 드러내 보이는 데 만족하지 않고, 발레 연기에 의해 만들어지는 전체적인 효과를 증대시키기 위해 자신의 재능을 동원하는 무용수를 지칭할 때 쓰인다. 발레 단체에서는 쒸제(sujet)와 솔리스트에 속하는 간부급만 해당된다.

아메리칸 발레시어터(American Ballet Theater)

1939년 뉴욕에서 설립된 미국의 대표적인 발레단이다. 발레씨어터(Ballet Theater)라는 이름에서 1957년 지금의 명칭으로 바뀌었으며, 그동안 발레의 근대화 형성에 많은 영향을 끼쳐왔다. 무용수이며 안무가인 제롬 로빈스(Jerome Robbins)는 팬시프리(Fancy free) 공연에 성공하는 등 아메리칸 발레시어터의 역사에 중요한 업적을 남겼다. 그는 1957년 뮤지컬 영화 웨스트사이드스토리(West Side Story)를 만들기도 했다.

아쌍블레(assemblé)

'모은다'는 뜻. 모아진 발이 도약한 뒤에 앞과 뒤를 바꿔서 다시 모아지는 것으로, 제5포지션의 드미 쁠리에(demi-plié)로 내려서는 동작이다. 아름다운 아쌍블레가 되려면 공중에서 모으는 발이 반드시 벌어지지 않고 꼭 붙어 있어야 한다.

아쌍블레(assemblé) 1

아쌍블레(assemblé) 2

아쌍블레 드 꼬떼(assemblé de côté)

옆으로 부딪치는 아쌍블레를 말한다.

아쌍블레 드쉬(assemblé dessus)

아쌍블레 드쑤와 비교해 도약하는 순간에 접촉시키는 발이 그 반대인 경우다. 프랑스어 드쉬(dessus)는 '위에', 드쑤(dessous)는 '아래에'라는 상반된 뜻이다.

아쌍블레 드 쒸뜨(assemblé de suite)
아쌍블레는 발만 바뀌고 드미 쁠리에(demi-plié)로 끝나는 것이므로 발을 바꾸면서 연속적인 아쌍블레가 될 수 있다.

아쌍블레 바뛰(assemblé battu)
아쌍블레에서 두 발을 부딪치는 빠. '빠 바뛰'를 부딪치는 빠의 총칭으로 쓰는 경우도 있다.

아쌍블레 쒸르 레 뿌엥뜨(assemblé sur les pointes)
두 다리를 가까이 붙이고 토(toe)로 일어설 때 한쪽 발을 민첩하게 안으로 들인다. 이것은 종종 회전하면서 이루어지는 동작으로, 무용수는 그 발을 앞뒤로 넓고 둥글게 쓸고 나서 두 발을 모으고 둥글게 선회한다. 아쌍블레 쒸르 레 뿌엥뜨는 종종 잠시 정지한 후 이루어진다.

아쌍블레 아나리에르(assemblé en arrière)
뒤쪽으로 부딪치는 아쌍블레를 말한다.

아쌍블레 아나방(assemblé en avant)
앞에서 부딪치는 아쌍블레를 말한다.

아쌍블레 알라 꺄트리엠므(assemblé à la quatriéme)
제4포지션으로 하는 동작으로 도약 때 두 다리가 앞뒤로 열린다.

아쌍블레 앙 뚜르낭(assemblé en tournant)

돌기와 함께 아쌍블레. 항상 빠 드 부레(pas de bourrée) 전에 한다. 움직이는 다리는 제2포지션에서 세게 밀치고 공중에서 몸을 회전시킨다. 이 아쌍블레는 일반적으로 뒤를 때리고 나서 앞으로 놓는다.

아쏠루타(assoluta)

'절대적'이라는 뜻. 최상급의 프리마 발레리나(prima-ballerina)를 일컬을 때 쓰인다.

아카데믹 타이즈

레오타드와 타이즈가 연결되어 있는 의상. 발부분이 있는 것과 없는 형으로 구분되며 주로 현대무용에서 착용한다.

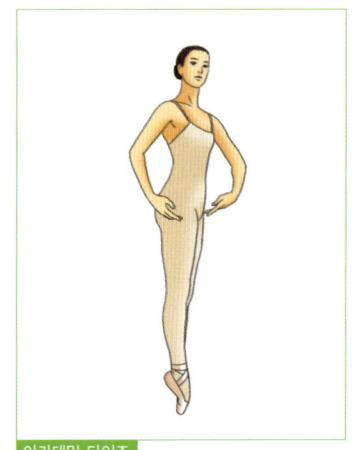
아카데믹 타이즈

아크로바트(acrobat)

예술로 규정되는 발레와 무관한 무용수들에게 적용되는 용어. 아크로바트 무용수들은 단지 많은 수의 삐루에뜨(pirouette)와 비트(beat)를 연기하는 데 집중하며, 신체의 만곡(彎曲)이 일어나는 것은 상관하지 않고 다리를 무리하게 든다.

아킬레스건(achilles tendon)

장딴지 근육을 발꿈치에 연결하는 발뒤꿈치에 있는 강한 힘줄을 말한다. 아킬레스건이 크게 찢어진 경우 회복이 가능해진 것은 최근의 일이다. 아킬레스건

부상은 아무리 정도가 가볍다고 해도, 무용수의 입장에서 특별히 관리를 해야 한다. 즉, 리허설이나 공연 전에 천천히 그리고 철저하게 준비 운동을 해두어야 하는 것이다. 특히 드미 쁠리에(demi-plié)의 목적은 아킬레스건을 유연하고 나긋나긋하게 좋은 상태로 유지시키는 것이다. 또한 고전발레에서의 거의 모든 동작은 한쪽 다리나 양쪽 다리로 하는 이 포지션으로 시작하고 끝난다. 그렇기 때문에 무용 수업은 대부분 드미 쁠리에로 시작하며, 직업 무용수는 리허설이나 공연 전에 반드시 드미 쁠리에 연습을 게을리하지 않아야 한다.

아폴로(Apollp)

1928년 작. 스트라빈스키(Stravinsky)의 음악을 조지 발란신(George Balanchine)이 안무한 작품이다. 프랑스 파리 사라베른하르트극장에서 초연되었다.

아플롱(aplomb)

'안정되게 균형을 잡는다'는 뜻. 무용수가 몸체나 손발을 움직일 때 자기 육체를 완전무결하게 조종함과 아울러 중심을 정확히 유지해야 한다는 의미로 쓰이는 용어이다.

악쌍(accent)

강조되는 것. 특히 음악적인 박자를 일컫는다.

안무(chorégraphie)

발레에서 안무가는 음악의 작곡가, 미술의 화가와 같은 절대적인 역할을 한다. 그들의 차이가 있다면, 안무가는 사람의 몸짓을 재료로 삼는다는 것이다. 안무가는 음악과 스토리, 그리고 무용수들의 동작을 통해 어떤 주제를 드러내게 된다. 또한 발레는 종종 특정한 무용수를 위해 안무되고, 그 무용수의 독특한 재능이 발휘될 수 있는 스텝을 보여주기도 한다. 마리우스 쁘띠빠(Marius Petipa), 프레드릭 애쉬튼(Frederick Ashton), 미하엘 포킨(Michel Fokine), 레오니드 마신(Leonide Massine), 조지 발란신(George Balanchine) 같은 위대한 안무가들은 모두 자신만의 개성적인 스타일을 개발했다.

알라 그랑드 오뙤르(à la grande hauteur)

'큰 포지션으로 공중에'라는 뜻. 몸을 지지하고 서 있는 다리와 90°가 넘는 각도로 다른 다리를 올리는 것을 말한다.

알라 그랑드 오뙤르(à la grande hauteur)

알라 까트리엠므 드방(à la quatrième devant)

'앞쪽에서 제4포지션으로'라는 뜻. 몸의 방향은 정면이며, 한쪽 다리를 앞쪽으로 뻗은 제4포지션으로 벌리고 두 팔은 제2포지션으로 벌린 자세를 말한다.

알라 드미 오뙤르(à la demi hauteur)

알라 그랑드 오뙤르보다 낮게 45° 각도로 다리를 올리는 것을 말한다.

알라 드미 오뙤르(à la demi hauteur)

알라 스꽁드(à la seconde)

제2포지션을 의미함. 몸의 방향은 정면이며, 한쪽 다리를 제2포지션으로 뻗고 두 팔을 제2포지션으로 벌린 자세를 말한다.

알라 오뙤르(à la hauteur)

두 다리를 수직으로 벌리는 앙 레르를 말한다. 몸을 지지하고 서 있는 다리와 90° 각도로 다른 다리를 올리는 동작이다.

알라 오뙤르

알레그로(allégro)

'빠르게'를 지시하는 음악 용어에서 나온 말이다. 빠른 음악에 맞추어서 추는 빠의 연속을 말하며, 클래식 발레에서 도약이나 빠른 회전의 빠는 모두 알레그로에 속한다.

알롱쥬(allongé)

늘리고 크게 펼치는 동작을 말한다.

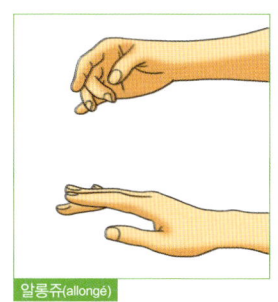
알롱쥬(allongé)

암사슴(Les Biches)

1924년 작. 프란시스 플랑(Flancis Poulenc)의 음악에 브로니슬라바 니진스카(Bronislava Nijinska)가 안무를 맡았다. 우아하면서도 기교가 강조되는 작품으로, 암사슴은 소녀를 의미한다. 모나코 몬테카를로오페라극장에서 세르게이 디아길레프(Sergei Diaghilev)의 발레뤼스가 초연했다.

앙 까레(en carré)

'정사각형의 모양으로'라는 뜻이다.

앙 꾸론느(en couronne)

'왕관 같은 모양'이란 뜻. 프랑스 발레학교에서 두 손을 머리 위로 올려 동그랗게 모은 동작을 가리킬 때 사용하는 전문 용어이다. 팔의 5번 포지션을 예로 들 수 있다.

앙 끌로쉬(en cloche)

'종(鐘)과 같은'이라는 뜻. 제1포지션을 통과하면서 동작하는 다리를 앞뒤로 흔드는 것을 말한다.

앙 데쌍당(en descendant)

무용수가 무대 뒤쪽에서 앞쪽으로 이동하는 것을 말한다.

앙 드당(en dedans)

롱 드 장브(rond de jambe)에서 다리를 안쪽으로 돌리는 경우를 말함. 앙 드오르(en dehors)의 반대 방향이다.

앙 드당(en dedans)

앙 드당 인월드(en dedans inwards)

동작이나, 스텝 또는 몸의 방향이 지탱하는 다리 쪽으로 향할 때를 일컫는다.

앙 드오르(en dehors)

'바깥쪽으로'라는 뜻. 지면 또는 공중에서 다리가 시계 방향으로 원을 그리며 움직이는 것이다.

앙 드오르(en dehors)

앙 드오르 아웃월드(en dehors outwards)

동작, 스텝, 몸의 방향이 지탱하는 다리의 바깥쪽으로 향할 때를 일컫는다.

앙 디아고날(en diagonale)

'대각선으로'라는 뜻. 무용수의 스텝이 무대를 가로질러 대각선 방향으로 움직이는 것을 말한다.

앙 뚜르낭(en tournant)

'회전하기'라는 뜻. 한 스텝을 마쳤을 때 몸은 자연스럽게 돌려져 있어야 한다.

앙 띠르부숑(en tirebouchon)

쒸르 르 꾸드삐에(sur le cou-de-pied)의 발목 복숭아뼈 위에 놓였던 발을 무릎 부근까지 끌어올리면 앙 띠르부숑이 된다.

앙 레르(en l'air)

'공중에'라는 뜻. 몸을 지탱한 다리와 직각이 되게 도는 한쪽 다리가 공중에 있다는 의미이다.

앙 레르(en l' air)

앙 레르 알라 그랑드 뽀지씨용(en l'air à la grande position)

'큰 포지션으로 공중에'라는 뜻. 몸을 지탱하는 다리와 수직이 되도록 한쪽 다리가 공중에 있다는 의미이다.

앙 레르 알라 드미 뽀지씨용(en l'air à la demi position)

그랑드 포지션의 절반인 45° 각도로 발을 올리는 포지션을 말한다.

앙레브망(enlèvement)

'나르다'라는 뜻. 남성 무용수가 자신의 파트너인 여성 무용수를 들어 올려 공중에서 스텝이나 포즈를 취할 수 있게 하는 동작을 말한다.

앙 롱(en rond)

'둥근 모양으로'라는 뜻이다.

앙 르뀔랑(en reculant)

무용수가 무대 앞쪽에서 뒤쪽으로 이동하는 것을 말한다.

앙 마네쥬(en manége)

무대 위로 둥그렇게 원을 그리며 이동하는 스텝을 묘사할 때 사용되는 용어이다. 이 스텝은 보통 턴을 하거나 턴하면서 점프를 한다.

앙 바(en bas)

팔의 낮은 자세를 뜻한다. 어깨를 내린 후 두 손을 모아 동그라미를 만든다. 그때 양쪽 겨드랑이에 달걀 하나 정도의 공간을 둔다.

앙브와떼(emboité)

'흉내낸다'는 뜻. 흉내내며 회전하는 스텝을 말하며, 연속동작으로 오른발을 왼쪽 발목 앞에 붙이고 왼발로 무릎을 반쯤 구부리고 왼발로 착지한 다음 오른 발로 튀어오르고 오른 발목 앞에서 왼발로 착지함에 의해 다른 쪽으로 행해지는 동작을 일컫는다.

앙브와떼(emboité)

앙블로뻬(enveloppé)

'에워싸다, 둘러싸다'라는 뜻. 중심을 둔 다리를 안쪽으로 하고 다른 한쪽 다리로 그것을 에워싸거나 돌게 하면서 몸을 회전시키는 동작을 말한다. 삐루에뜨(pirouette)나 쥬떼(jeté) 같은 돌아가는 빠를 할 때 그 준비 동작으로 빈번히 이용된다.

앙상블(ensemble)

원래는 '함께, 동시에'라는 뜻인데, 의미가 확장되어 '통일, 조화'를 나타낸다.

앙 쉐네(en chaines)

'연쇄적인 회전으로'라는 뜻이다.

앙쉔느망(enchinement)

'사슬로 엮는다'는 뜻. 발레에서는 빠의 연결을 말한다. 음악의 한 악구(樂句)에 해당하는 빠의 연속이다. 하나의 무용은 많은 앙쉔느망으로 성립되므로, 앙쉔느망은 바로 무용 언어라고 할 수 있다.

앙쉔느망(enchinement)

앙 아방(en avant)

무용수의 팔 동작 중 하나로, 모은 두 손이 배꼽을 향하고 배에 닿지 않도록 한 다음 살짝 앞으로 내민다.

앙 에꺄르떼(en écarté)

관객으로부터 조금 비스듬한 방향으로 몸을 향한다. 한쪽 다리를 제2포지션으로 한 다음 얼굴은 앞쪽 어깨너머로 향한다.

앙 에퐈쎄(en éffacé)

몸의 측면을 정면에서 약간 비스듬히 서서 관객으로부터 먼 위치에 있는 다리를 최대한 앞으로 내놓는다.

앙 에꺄르떼

앙 에퐈쎄

앙 오(en haut)

'높이'라는 뜻. 제5포지션의 앙 오처럼 두 팔의 높이를 머리 위로 유지하는 것이다.

앙 크르아제(en croisé)

몸의 한쪽을 사선으로 서서 관객에 가까운 다리를 다른 다리 앞에 교차시키는 자세이다.

앙 크르와(en croix)

'십자형으로'라는 뜻. 바뜨망(battement)이나 데벨로뻬(développé)는 한쪽 다리를 앞, 옆, 뒤, 옆으로 또는 뒤, 옆, 앞, 옆으로 움직인다. 이렇게 십자 모양의 3개 선이 그어지고 네 번째 선은 지지하는 다리의 턴 아웃된 발이 된다.

앙 크르아제

앙 트라베스티(en travesti)

여성의 복장으로 출연하는 남성 무용수를 일컫는다. 오늘날 더욱 드물기는 하지만, 남성의 복장으로 출연하는 여성 무용수에게도 같은 용어를 쓴다.

앙트레(entrée)

'입장'이라는 뜻. 독무(獨舞)나 군무(群舞) 가릴 것 없이 무용할 수 있도록 마련된 정위치까지 무용수가 입장하는 것을 말한다. 그 밖에 여성 무용수나 남성 무용수가 그랑 빠 드 되(grand pas de deux)를 시작할 수 있도록 '자리에 선다'는 뜻으로도 사용된다.

앙트르샤(entrchat)

수직으로 뛰어올라 무릎 아래 두 다리를 부딪치게 하는 까브리올(cabriole)의 일종으로 볼 수 있으나, 부딪치는 다리를 교차시키는 점과 허리를 굴절시키지 않는 점이 까브리올과 다르다.

앙트르샤 까트르(entrchat quatre)

수직으로 뛰어올라 좌우 합해서 네 번(교차는 두 번)이 되는 앙트르샤를 말한다.

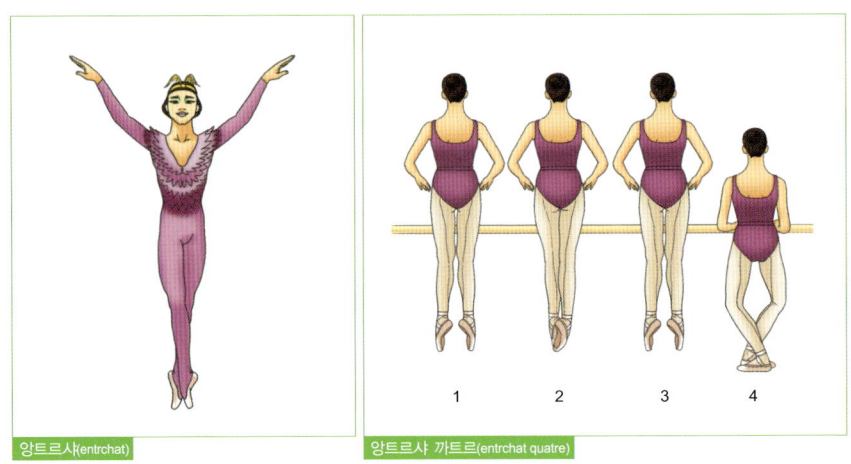

앙트르샤(entrchat)

앙트르샤 까트르(entrchat quatre)

앙트르샤 뇌프(entrchat neuf)

아홉 번의 앙트르샤. 네 번의 교차를 거친 다음 한쪽 발만이 내려진다. 대개의 경우는 아띠뛰드(attitude)나 아라베스끄(arabesque)로 착지한다.

앙트르샤 드 볼레(entrchat de volée)

앙트르샤는 수직으로 뛰어올라 무릎 아래 다리를 교차시키고 제자리로 내려오는 것이 보통인데, 이 경우는 뛰어올랐을 때 두 다리가 뻗치는 방향으로 몸의 중심을 옮겨서 방향과 위치를 바꾼다. 그러므로 앙트르샤 드 볼레의 경우는 몸이 수직으로 되지 않고 사선이 되며, 마치 새가 날아가는 모습과 비슷하다.

앙트르샤 쎌끄(entrchat cinq)
좌우를 합해서 다섯 번 앙트르샤를 한 뒤 한쪽 발로 몸의 중심을 잡는다.

앙트르샤 씨스(entrchat six)
좌우를 합해서 여섯 번 다리가 교차되는 가장 보기 좋고 아름다운 앙트르샤이다.

앙트르샤 우베르 따 뜨루아(entrchat ouvert a trois)
공중에서 두 다리를 교차시킨 뒤에 제2포지션으로 끝내는 경우를 말한다.

앙트르샤 위뜨(entrchat huit)
좌우를 합해서 여덟 번 다리가 교차되는데, 매우 눈부신 기교에 속한다.

앙트르샤 트로아(entrchat trois)
드미 쁠리에(demi-plié)로 모였던 발을 벌려서 한 번에 3회(trois)의 앙트르샤를 하는 동작이다.

앙 프로므나드(en promenade)
무용수가 일정한 자세를 유지하면서, 가벼운 발꿈치 동작을 이용해 요구되는 방향으로 그 자리에서 한 발로 천천히 회전하는 것을 말한다.

앙 화쓰(en face)
무용수가 몸이나 얼굴을 정면으로 향

앙 화쓰(en face)

하는 동작을 말한다.

애팔래치아의 봄(Appalachian Spring)

1944년 작. 에어런 코플랜드(Aaron Copland)의 음악에 마사 그레이엄(Martha Graham)이 안무를 담당했다. 청교도적인 정서가 표현된 다분히 미국적인 작품으로, 미국 워싱턴에서 마사그레이엄무용단이 초연한 모던댄스 발레 작품이다.

앵끌리느(incline)

'비스듬히'라는 뜻이다.

업스테이지(upstage)

배경 막에 가장 가깝고 객석에서 가장 멀리 떨어진 무대의 한 부분을 일컫는다. 무용수들은 이 용어를 무대에서 자신들의 위치나 동작이 진행하는 방향을 가리키는 데 이용한다.

에그지르씨쓰 알라 바(exercices à la barre)

바(barre)를 잡고 하는 기본 연습으로 신체 각 부분의 경직을 풀고 조정하는 과정이다.

에그지르씨쓰 오 밀리유(exercices au milieu)

에그지르씨쓰 알라 바(exercices à la barre)가 끝난 뒤에 바를 버리고 기본 연습부터 회전과 도약에 이르는 연습 과정인데 뽀르 드 브라(port de bras, 팔의 움직임)도 곁들인다.

에꺄르떼(écarté)

'멀어졌다'는 뜻. 몸과 발과 팔이 모두 사각으로 일직선이 되며 움직여지는 다리와 같은 편의 팔을 머리 위로 올리게 되어 있다.

에꼴(école)

학교, 학파, 교습소, 강습소, 학원 등을 의미한다.

에꺄르떼(écarté)

에뀔리브르(éqauilibre)

'균형, 평형'을 뜻하는 말로 한발로 균형을 유지하는 것을 말한다.

에땅뒤(étendu)

한쪽 다리나 양 다리로 쁠리에 자세로 선 무용수가 한쪽 무릎이나 양 무릎을 곧게 편다. 또 한쪽 다리가 다른 다리에 닿는 포지션에서 그 발을 밖으로 곧게 편다.

에뀔리브르(éqauilibre)

에땅드르(étendre)

몸의 일부를 '뻗다, 펼치다'라는 뜻이다.

에뚜알르(étoile)

'별'이라는 뜻. 수석 남자 무용수나 여자 무용수에게 주어지는 이름으로, 그들이 지도적인 무용을 한다.

에르 드 꺄락떼르(air de caractére)

무대에 등장하는 여러 인물들의 성격을 확립하기 위해 프랑스 궁전에서 사용하던 묘사음악을 말한다.

에볼뤼씨용(évolution)

꼬르 드 발레에 의한 대형 변화를 말한다.

에뽈레(épailé)

'어깨에 지는 짐'이라는 뜻. 어깨를 앞으로 내밀고 몸을 뒤튼 것 같은 자세가 되기 때문에 붙여진 말이다. 즉, 두 어깨가 뻗친 팔과 다리로 이루어진 사선에 대해서 90°의 직각이 된다.

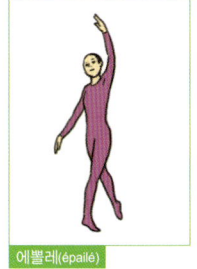
에뽈레(épailé)

에뽈르망(épaulement)

상반신을 틀어서 어깨를 사각이 되게 하는 것을 말하는데, 현재는 '어깨의 움직임'을 에뽈르망이라고 한다.

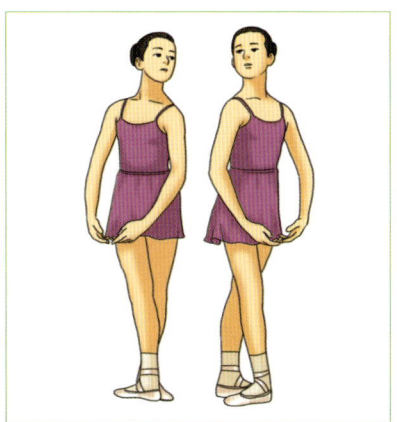
에뽈르망(épaulement)

에샤뻬(échappé)

'도망친다, 밀어낸다'는 뜻인데, 무대

위나 공중에서 다리를 양옆으로 벌리는 자세를 말한다.

에샤뻬 바뛰(échappé battu)
공중에서 발을 부딪치기만 하는 에샤뻬를 말한다.

에샤뻬 소떼(échappé sauté)
도약할 때 두 발이 마루바닥을 떠난 에샤뻬를 말한다.

에샤뻬 소떼(échappé sauté)

에샤뻬 소떼 알 라 스꽁드(échappé sauté à la seconde)
제2포지션으로 뛰어오른 에샤뻬를 말한다. 즉, 두 다리를 벌린 드미 쁠리에 (demi-plié)의 자세로 뛰어올랐다가 무릎을 벌리고 발바닥을 붙이며 착지한다.

에샤뻬 쒸르 레 뿌엥뜨(échappé sur les pointes)
제5포지션으로 섰다가 드미 쁠리에(demi-plié)로 굽힌 두 다리를 뻗으며 쒸르 레 뿌엥뜨(sur les pointes)로 벌린다. 그리고는 다시 드미 쁠리에로 돌아오는데 여기서 발의 위치를 바꾸지는 않는다. 다시 말해 샹즈망이 되어서는 안 된다. 다만 위치가 옆으로 밀어내는 것처럼 옮아갈 뿐이다.

에쇼쁘망(échauffement)

무용수가 무대에 나가기 전에 몸을 푸는 준비 운동을 뜻한다. 무용수는 근육의 무리나 사고를 예방하는 차원에서 기술적인 솜씨를 요구하는 어려운 역을 시도하기 전에 워밍업, 즉 에쇼쁘망을 한다. 이것은 운동선수가 경기 전에 준비 운동을 하거나 오페라 가수들이 공연 전에 목을 풀며 발성 연습을 하는 것과 같다.

에샤뻬 쒸르 레 뿌엥뜨(échappé sur les pointes)

에퐈쎄(effacé)

'지워지다, 비켜서다'의 뜻. 예컨대 정면에서 몸을 비틀어 사각이 된 포즈라고 할 수 있다. 즉, 제4포지션으로 뻗어진 발의 방향대로 몸이 살짝 틀어진 자세를 말한다.

에퐈쎄(effacé) 1

에퐈쎄(effacé) 2

에퐈쎄(effacé) 3

엑쓰땅씨용(extention)

뻗은 다리를 공중에 올리거나 공중에서 유지하는 능력을 말한다.

엘(ailes)

'날개'라는 뜻이다.

엘랑(élan)

'비약, 도약'의 뜻. 무용수가 감정적, 육체적으로 돌진하듯이 동작하는 것을 말한다.

엘랑쎄(élancé)

'휙 날아가다'라는 뜻. 몸을 던지듯 하는 동작을 의미한다. 이러한 동작에서는 한쪽으로든 양쪽으로든 다리는 곧게 뻗어 있어야 하며, 뿌엥뜨(pointe)로 끝나야 한다. 예컨대 아쌍블레 드쒸(assemblé dessus)가 옆으로 이동하여 아쌍블레 엘랑쎄(assemblé élancé)가 되는 것이 바로 그것이다.

엘레바씨용(élévation)

높이 뛰어오르는 동작. 탄력적이고 정확한 제2포지션과, 제5포지션의 쒸르 레 뿌엥뜨(sur les pointes)를 포함한 공중적인 스텝의 총칭이다.

엘레브(élève)

'학생, 문하생'이라는 뜻. 파리 오페라단의 견습 무용수를 일컫는다.

엘르 드 삐종(ailes de pigeon)

'비둘기의 날개와 같게 하라'는 뜻. 무용수가 한쪽 다리를 구부리고 다른 한쪽 다리를 곧게 뻗은 채 나는 듯이 공중으로 뛰어오르는 동작이다. 점프하여 떠 있는 동안 발이 바닥에 닿기 전에 한 번 더 다리를 바꿀 수 있다. 이 동작은 잘 알려진 삐스톨레(pistolet)와 같은 것이다.

엘리트 싱코페이션(Elite Syncopations)

1974년 작. 조플린(S. Joplin) 등의 음악에 맥밀란(Macmillan)이 안무를 담당했다. 일종의 래그타임(재즈의 일종) 발레이다.

엘리트 싱코페이션(Elite Syncopations)

여자의 레베랑쓰

인사를 받는 상대방을 향해 한쪽 팔을 앞으로 들고 반대쪽 다리는 뒤로 빼서 발끝으로 균형을 잡고 상체를 버틴다. 윗몸을 세우고 천천히 무릎을 굽힌다.

여자의 레베랑쓰 1

여자의 레베랑쓰 2

여자의 발랑쎄 드 꼬떼(balance de cote)

머리, 몸, 팔을 좌우로 흔들며 움직이는 스텝으로 음악에 맞추어 부드럽게 흔들거리며 움직인다.

연결 동작

한 편의 발레 공연은 각각의 자세와 스텝만으로 이루어지는 것이 아니다. 그 자세와 스텝들이 특별한 동작에 의해 연결되는 무용이 발레이다. 그래서 각각의 자세와 스텝을 하나의 연결된 동작으로 완성할 때까지 부단한 노력을 요하게 된다. 연결 동작이 성공적으로 이루어진 뒤에야 비로소 자신만의 개성을 찾고 감동을 주는 표현력을 향상시킬 수 있다. 연결 동작의 예로는 땅 리에(temps lié)와 빠 꾸뤼(pas couru) 등을 들 수 있다.

영국(Britain)의 발레

영국에서 발레가 전성기를 맞이하기 시작한 것은 18세기 무렵이었다. 19세기 말에는 주로 음악홀에서 발레가 공연되었는데, 무용수들은 대부분 외국 출신이었다. 그리고 이 시기에 로얄대니쉬발레(Royal Danish Ballet)가 창단되었다. 영국 발레 역사에서 주목할 만한 인물 중 한 사람은 아델린 그네(Adeline Gene)이다. 그녀는 1917년 은퇴할 때까지 영국에서 가장 많은 인기를 누린 자국 발레리나였다. 로열무용학교(Royal Academy of Dancing)의 초대 회장이었고, 영국 관객들에게 발레의 재미와 아름다움을 일깨운 그녀의 업적은 실로 대단한 것이었다.

예절 바른 발끝

바닥에 앉아 양다리를 앞으로 쭉 뻗고 등을 똑바로 세운 뒤 양손을 넙적다리 위에 올린 자세에서 발끝을 충분히 펴고 발끝과 다리가 같은 방향을 보게 하는 자세이다.

예프게니 오네긴(Evgenii Onegin)

1965년 작. 차이코프스키(Tchaikovsky)의 음악에 존 크랭코(John Cranko)가 안무를 맡아 슈투트가르트발레단이 초연했다. 알렉산드르 푸시킨(Aleksandr Pushkin)의 소설 〈예프게니 오네긴(Evgenii Onegin)〉을 바탕으로 한 낭만적인 내용의 발레 작품이다.

예절바른 발끝

오르땅샤(hortensia)

다리를 들어올린 채 공중으로 도약하는 곳에서 이루어지는 남자 무용수의 스텝을 말한다. 일단 무용수는 한쪽 발을 다른 쪽 발 앞에 두고 선다. 그리고 도약하여 수영 선수가 크롤(crawl) 수영을 하는 식으로 한 번 내지 두세 번 다리의 포지션을 바꾼다. 이 스텝에서는 비트를 하지 않는다.

오르땅샤(hortensia)

오뽀지시용(opposition)

제1포지션이나 제5포지션에서 움직이는 다리의 반대쪽으로 사용되는 팔의 위치를 말한다.

오페라 발레(opera ballet)

노래와 무용이 있는 장면들을 결합한 발레를 말한다. 1681년 이탈리아의 장 밥티스트 륄리(Jean Baptiste Lully)에 의해 탄생했다. 주요 작품으로 〈카드뮈스와 에르미온〉, 〈알시드의 승리〉 등이 있다.

오페라틱 댄서(Operatic dancer)

1897년 에두아르 에스피노사(Edouard Espinosa)가 '발레 무용수(ballet dancer)'란 용어를 대신하기 위해 처음 사용하기 시작했다. 무용수라는 직업에 존경을 표하려는 의도였는데, 그의 제자인 니네뜨 드 발루아(Ninette de Valois)에 의해 완성되었다.

온딘(Ondine)

1958년 작. 독일 작곡가 한스 베르너 헨체(Hans Werner Henze)의 음악에 프레드릭 애쉬튼(Frederick Ashton)이 안무를 담당했다. 어느 청년을 사랑하게 된 물의 요정 온딘의 이야기를 담고 있으며, 영국 런던 코벤트가든에서 로열발레단이 초연했다.

올드빅(The Old Vic)

영국 런던 남부 워털루역 근처에 위치한 극장을 일컫는다. 1818년에 처음 건축되었으며, 유명 오페라와 발레를 상연해 런던의 중심 극장이라는 명성을 얻었다.

왕비의 발레 코미크(Ballet Comique de la Reine)

1581년 프랑스 파리의 앙리 3세 궁정에 상연된 최초의 발레 작품이다. 한 달간에 걸쳐 왕가의 결혼식 축하연으로 준비된 작품이었다.

우베르뜨(ouverte)
관객을 향해 두 발이 열린 자세를 말한다.

우베르뛰르 드 장브(ouverture de jambe)
'다리를 벌린다'는 뜻. 이 스텝은 그랑 롱 드 장브 앙레르(grand rond de jambe en l'air)와 아주 흡사한데 요즘은 데벨로뻬 그랑(développé grand)에 의해서 천천히 진행되기도 한다. 또 그랑 꺄트리엠므 드방(grand quatrieme devavt)이나 앙 드오르(en dehors) 등에도 적용할 수 있다.

워킹 레그(working leg)
무용수가 서 있을 때 몸을 지탱하는 다리가 아닌, 동작을 실시하는 다리를 일컫는다.

웜다운(warm down)
'정리 운동'이라는 의미이다. 크고 격렬한 동작 뒤 작고 부드러운 동작을 실시함으로써 연습을 마무리하는 것을 말한다. 웜다운을 하면 심장 박동이 무리 없이 천천히 정상으로 돌아오는 효과를 볼 수 있다.

유니버설발레단(Universal Ballet)
1984년 설립된 한국의 발레단. 국경을 초월한 예술의 경지를 지향한다는 의미로 '유니버설'이란 명칭을 사용했다. 창단 공연 작품은 〈신데렐라〉였다. 소재지는 서울특별시 광진구 능동이다.

음악-무용수의 영감
발레의 발달에는 항상 적절한 음악의 필요성이 뒤따른다. 초기 발레 공연에는 주로 장중한 궁중음악이 이용되었다. 그리고 오늘날에는 차이코프스키나 스트라빈스키, 브람스의 음악을 비롯해 재즈와 전자음악까지 폭넓게 사용되고 있다. 때때로 발레는 아무런 음악 없이 공연되기도 하지만, 일반적으로 모든 발레는 음악의 모든 것을 담아냈다. 무용수는 손과 발, 얼굴, 몸으로 음악을 표현했고 음악가의 창작력을 이해함으로써 자신을 더욱 발전시켜갔다. 따라서 음악을 듣고 연구해 영감을 얻는 것은 무용수에게 결코 빼놓을 수 없는 중요한 일이 되었다.

이미지 트레이닝(image training)

어색한 동작을 바로잡기 위해서는 몸의 움직임과 균형에 관한 지식을 활용해 중추신경계를 자극하는 이미지 트레이닝을 하는 것이 효과적이다. 실제로 많은 무용수들이 점프와 회전 등 특정한 기술을 반복적으로 머리속에 그려보는 것만으로 실력이 향상되는 경험을 한다. 그것은 신경계의 엄청난 위력이라고 말할 수 있는데, 테크닉을 소화하는 데 필요한 패턴이나 팔다리 위치 등을 머리속에 그려보는 것은 그 자체로도 기술 습득에 매우 중요하다. 이를테면 아라베스끄(arabesque)를 할 때 다리를 뒤로 뻗으면서 척추가 서서히 휘어지는 모습을 상상하는 것을 가정해보자. 그 이미지가 올바른 것이라면 자세가 다소 미숙하더라도 아름다운 실루엣을 연출할 수 있을 것이다.

이탈리아(Italia)의 발레

1789년에 일어난 프랑스혁명 이후, 발레의 주류는 그 발상지인 이탈리아로 옮겨갔다. 살바토레 비가노(Salvatore Vigano), 카를로 블라시스(Carlo Blasis), 마리 탈리오니(Marie Taglioni), 카를로타 그리지(Carlotta Glisi) 등의 위인이 나타나 무용수의 기술을 한층 세련되고 현란하게 발전시켜 발레 로맨틱 시대를 만들어냈던 것이다. 또한 프랑스의 뛰어난 안무가와 무용수들이 혁명으로 어수선해진 조국을 떠나 이탈리아로 모여들면서, 특히 밀라노는 19세기 초 한때 발레의 중심지가 되기도 했다.

익스텐션(extension)
동작하는 다리를 마룻바닥에서 들어 올렸을 때의 높이를 말한다.

ballet dictionary

ㅈ

발레
사전

자레떼(jarreté)

아르께(arque)와는 반대로 두 무릎이 붙고 발바닥끼리는 붙지 않는 X형의 모양을 말한다.

자세와 배치(posture and placement)

'자세'는 무용수의 서 있는 방법을 말한다. 무용수가 실시하는 모든 동작의 기점이기도 하다. 무용수는 운동 중 이와 같은 기본 상태로 돌아가며, 의식하지 않아도 좀더 효율적인 상태를 유지하려고 자신의 몸을 적응시켜 나간다. '배치'는 몸이 정지되거나 움직이는 상태에서 인접해 있는 신체 부위들의 위치 관계를 가리킨다. 더불어 그로부터 체중이 어떻게 배분되었는지 살펴보는 것이다. 종종 자세와 배치는 같은 의미로 사용되는데 자세는 바(barre) 옆에 서 있는 무용수에게, 배치는 움직이고 있는 무용수에게 사용되는 것이 일반적이다.

잠자는 숲 속의 미녀(The Sleeping Beauty)

1890년 작. 차이코프스키(Tchaikovsky)의 음악에 마리우스 쁘띠빠(Marius Petipa)가 안무를 담당했다. 프랑스 동화 작가 샤를 페로(Charles Perrault)의 작품을 바탕으로 만들었으며, 러시아 상트페테르부르크의 마린스키극장에서 초연되었다.

장미의 정(Le Spectre de la Rose)

1911년 작. 카를 베버(Carl Weber)의 음악 〈무도에의 권유〉에 미하엘 포킨(Michel Fokine)이 안무를 담당한 단막극 발레 작품이다. 세르게이 디아길레프(Sergei Diaghilev)의 러시아발레단이 파리에서 초연했다.

장브(jambe)

'다리'를 뜻한다.

제1포지션(first position)-발

발레에는 기본적인 발의 위치를 나타내는 5가지 포지션이 있다. 그중 제1포지션은 두 다리를 무릎 부분에서 밀착시켜 곧게 서는 자세를 말한다. 이때 발은 턴 아웃(turn-out)한다.

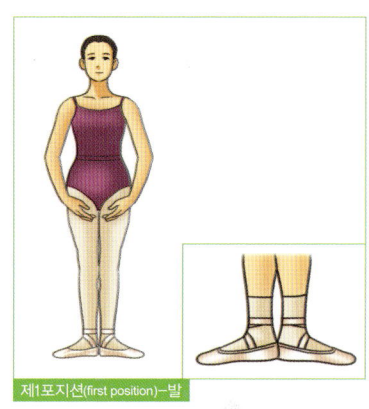

제1포지션(first position)-발

제1포지션(first position)-팔

양팔을 흉골과 같은 수평면에 있게 몸의 앞쪽으로 든다. 팔의 굽힘은 브라 바(bras bas)와 같고 손바닥은 몸쪽으로 하며 팔꿈치 끝은 밖을 향해 옆으로 한다. 어깨는 브라 바에서 제1번 자세로 오는 동안 그대로 두고 가슴을 편다. 손끝은 9센티미터 안팎 간격을 둔다.

제1포지션 그랑 쁠리에(grand plié in first)

제1포지션 그랑 쁠리에(grand plié in first)

양쪽 뒤꿈치가 서서히 바닥에서 떨어지며 들어 올려지는 것은 좋지만, 드미쁠리에(demi-plié) 상태로 올 때까지 뒤꿈치를 바닥에서 떼어서는 안 된다. 동작은 부드

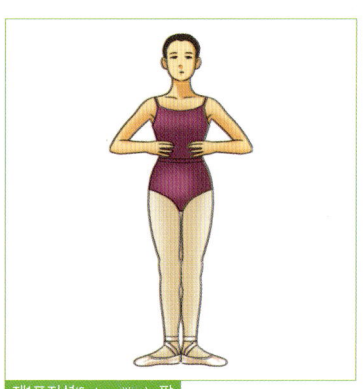

제1포지션(first position)-팔

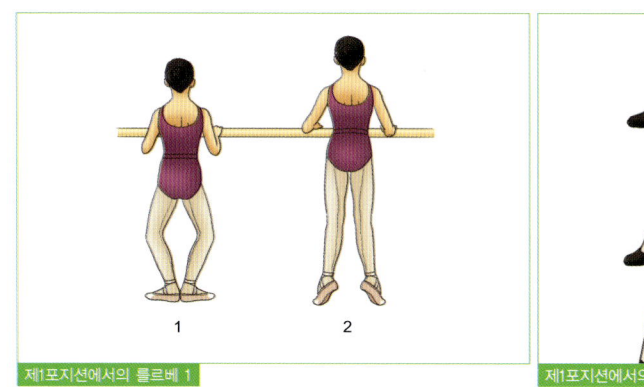
제1포지션에서의 를르베 1

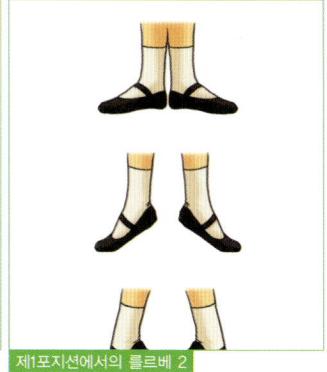
제1포지션에서의 를르베 2

러워야 하며, 등을 꼿꼿이 세우고 모든 발가락이 바닥을 느낄 수 있게 한다. 근육이 갑자기 땅겨 경련이 일어나는 것을 피하기 위해 쁠리에 할 때와 일어날 때의 시간을 같게 한다.

제1포지션에서의 를르베

제1포지션으로 드미 쁠리에 자세에서 양뒤꿈치를 바닥에서 떼고 양무릎을 곧게 펴고 다시 제1포지션의 드미 쁠리에 자세로 돌아온다.

제2포지션(second position)-발

양발이 턴 아웃(turn-out)된 상태에서 일직선상의 두 발을 어깨 너비만큼 벌린다. 공중에서 취하는 제2포지션은 한쪽 발이 측면으로 올라가 있다.

제2포지션(second position)-팔

양팔을 옆으로 하는데, 앞으로 한 자세보다

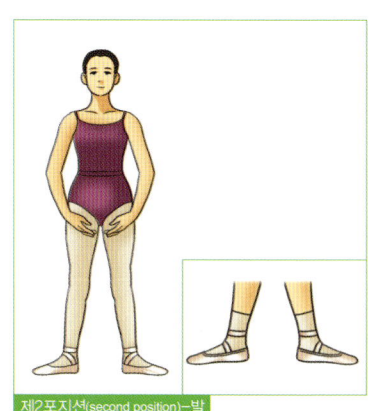
제2포지션(second position)-발

구부림이 적다. 상완골을 안쪽으로 돌려서 팔꿈치가 올려지게 하고, 팔꿈치 끝은 뒤로 가게 한다. 손바닥은 정면을 향하게 하며, 엄지손가락을 펴서 중지 쪽으로 둔다.

제2포지션 그랑 쁠리에(grand plié in second)

발이 닫힌 포지션이 아니므로 그랑 쁠리에의 모든 동작을 뒤꿈치를 올리지 않고 할 수 있다. 드미쁠리에(demi-plié)를 깊이 한 상태와 비슷하며 넓적다리가 바닥과 수평이 되는 위치까지 오면 무릎은 더 구부러지지 않는다. 이 포지션에서는 윗몸을 앞으로 내밀지 않고 꼿꼿이 세워야 한다.

제2포지션 알롱쥬(allongé in third)

팔의 제2포지션의 변형자세. 손바닥이 아래로 향할 때까지 손목을 돌린다. 이 자세는 땅 리에(temps lié)처럼 움직일 때 에꺄르떼(écarté) 자세와 관련되어 쓰인다.

제2포지션에서의 를르베

제2포지션으로 드미 쁠리에 자세에서 양 뒤꿈치를 바닥에서 떼고 양무릎을 곧게 펴고 다시 제2포지션의 드미 쁠리에 자세

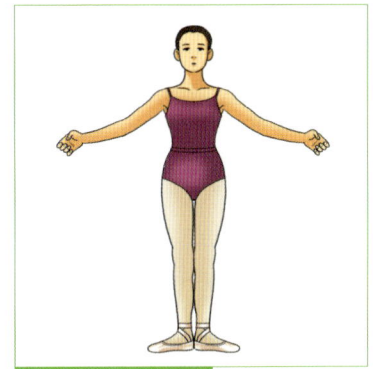

제2포지션(second position)-팔

제2포지션 그랑 쁠리에(grand plié in second)

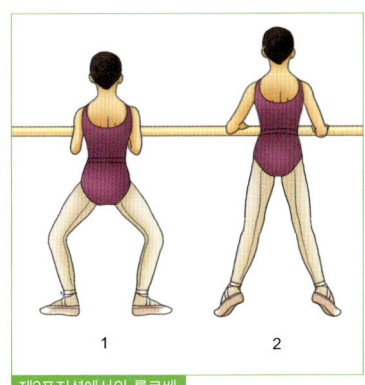

제2포지션에서의 를르베

로 돌아온다.

제3포지션(third position)—발
제1포지션과 같은 자세에서 두 발을 교차하는 선상에 두는 것이다. 한쪽 발은 뒤꿈치가 다른 발의 발등 근처에 오게 한다. 또한 앞쪽에 놓인 발의 뒤꿈치가 뒤에 놓인 발의 중간 정도에서 만난다.

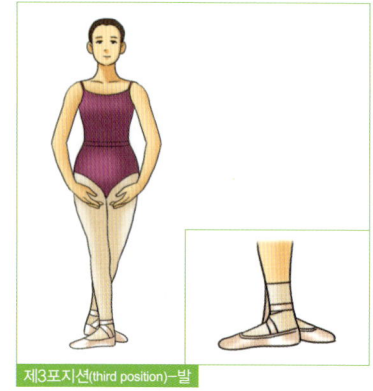

제3포지션(third position)—발

제3포지션(third position)—팔
드방(devant)의 경우 한쪽 팔은 제1포지션이고, 다른 쪽 팔은 제5포지션이다. 앙 바(en bas)의 경우 한쪽 팔은 브라 바(bras bas)에 있고, 다른 쪽 팔은 제5포지션이다.

제3포지션(third position)—팔

제3포지션 그랑 쁠리에(grand plié in third)
윗몸을 낮추었을 때 양쪽 뒤꿈치가 슬그머니 뒤로 가버리지 않게 주의한다. 뒤쪽 발꿈치가 앞쪽 발꿈치에 붙어 약간 서로 미는 형태가 되도록 발을 보지 말고 느낌으로 잡는다.

제3포지션 그랑 쁠리에(grand plié in third)

제3포지션 알롱쥬(allongé in third)
팔의 제3포지션의 변형 자세. 제3포지션

드방(devant)으로부터 팔은 앞쪽으로 뻗고 손바닥은 마룻바닥 쪽으로 향한다. 위쪽 팔은 약간 아래로 벌리고, 아래쪽 팔은 약간 올릴 수 있다. 팔은 같은 평행선을 따라야 한다. 머리는 팔의 방향과 같이 두고 볼 수 있고, 시선은 더 높이 팔을 넘어 위쪽으로 둔다.

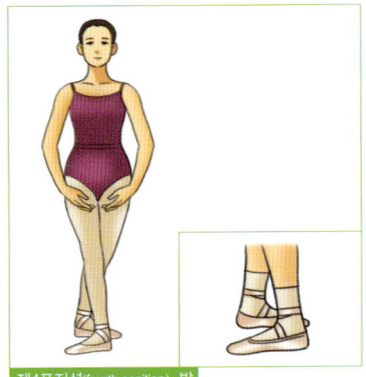
제4포지션(fourth position)-발

제4포지션(fourth position)-발
한쪽 발을 다른 발 앞으로 약간의 간격을 두고 내딛는 자세이다. 앞발의 뒤꿈치가 뒷발의 엄지발가락과 일직선을 이루게 한다. 공중에서 취하는 제4포지션은 한쪽 발을 앞쪽으로 올리는 경우와 뒤쪽으로 올리는 경우가 있다.

제4포지션(fourth position)-팔

제4포지션(fourth position)-팔
드방(devant)의 경우 한쪽 팔은 제1포지션이고, 다른 쪽 팔은 제2포지션이다. 앙 바(en bas)의 경우 한쪽 팔은 브라 바(bras bas)이고, 다른 쪽 팔은 제2포지션이다. 앙 오(en haut)의 경우 한쪽 팔은 제2포지션이고, 다른 쪽 팔은 제5포지션이다.

제4포지션 알롱쥬(allongé in fourth)
팔의 제4포지션의 변형 자세. 제4포지션 앙 오(en haut)로부터 팔을 뻗는다. 위쪽 팔을 약간 낮추고, 아래쪽 팔은 그 높이를 유지한다. 양팔은 제4포지션을 지나 어깨선을 넘어 뒤쪽으로 뻗는다. 위쪽 팔은 바깥쪽으로, 아래쪽 팔은 손 밑으로 한다.

제4포지션의 A

제1포지션 대로 좌우의 발꿈치가 전후 일직선으로 바라보게 발을 벌린 포지션으로 양발의 전후의 간격은 제2포지션의 경우와 같은 자세이다.

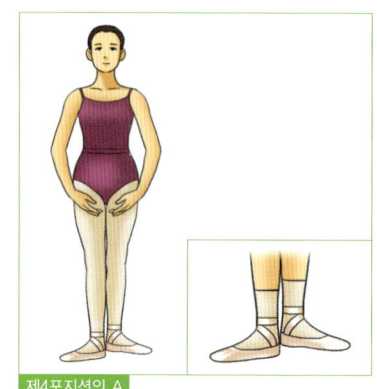

제4포지션의 A

제4포지션의 B

제5포지션과 같이 앞뒤로 간격을 두는 포지션으로 앞발의 뒤꿈치가 뒷발의 발끝과 마주본다. 체중은 양발에 고루 가게하며, 양발의 간격은 대략 한발의 길이만큼 벌리는 자세이다.

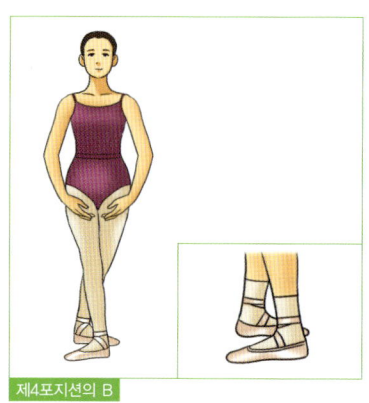

제4포지션의 B

제5포지션(fifth position)-발

제4포지션의 변형으로 발끝을 제외한 두 발을 겹치고 선 자세이다.

제5포지션(fifth position)-팔

양팔은 머리 위로 두고 팔꿈치 끝은 팔의 곡선을 유지하도록 지탱해준다. 손

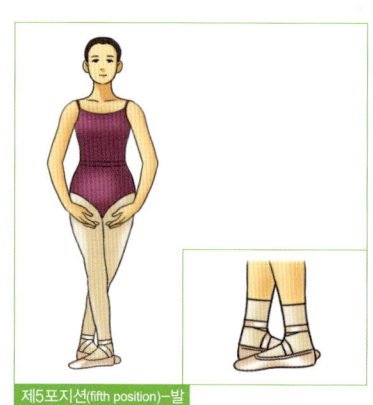

제5포지션(fifth position)-발

목이 아래로 구부러져 팔의 곡선을 마무리한다.

제5포지션 알롱쥬(allongé in fifth)

팔의 제5포지션의 변형 자세. 제5포지션으로부터 팔을 뻗고 손바닥은 앞을 향해 V자로 넓게 벌린다. 팔은 어깨의 선을 넘어 위쪽 등이 아치형이 되게 한다. 머리는 어깨 앞쪽으로 돌리거나 몸이 향하는 방향 앞으로 곧게 할 수 있다.

제5포지션(fifth position)-팔

젠차노의 꽃축제(The Flower Festival at Genzano)

1858년 작. 덴마크의 유명 안무가 아우구스트 부르농빌레(August Bournonville)가 안무한 단막 발레 작품이다. 이탈리아 도시 젠차노에서 열린 꽃축제를 배경으로, 산적과 젊은 여인의 사랑 이야기를 담고 있다. 덴마크 코펜하겐에서 로열 덴마크발레단이 초연했다.

족관절(ankle joint)의 중요성

'발목 관절'로도 불리는 족관절은 굴곡과 신장밖에 못하는 돌쩌귀관절(hinge joint)이다. 좌우로 움직이거나 회전하는 것처럼 느껴지지만, 그것은 발의 다른 근육에서 일어나는 움직임일 뿐이다. 무용수로서 다양한 동작들을 성공적으로 이행하려면 턴 아웃 능력 못지않게 족관절의 유연성이 필요하다. 발목의 유연성이 부족하면 발레 테크닉의 기본인 쁠리에(plié)나 발끝을 신장시키는 동작에 무리가 따른다. 발이 경직되어 제대로 굴곡되지 않으면 드미 쁠리에(demi-plié)

를 할 수 없기 때문이다. 또 이 관절의 신장이 충분하지 못하면 족관절을 뻗어 몸을 앞으로 나아가게 하는 추진력이 감소하고, 여성 무용수가 뿌엥뜨(pointe)로 섰을 때 체중을 지탱하기 어렵게 된다. 아울러 우아한 다리 라인을 만들어낼 수도 없다.

주제와 변주곡(Theme and Variations)

1947년 작. 테마바리아시옹. 차이코프스키(Tchaikovsky)의 음악에 발란신(Balancine)이 안무를 담당한 발레 작품이다. 이것은 차이코프스키가 작곡한 관현악 모음곡 중 하나인 제3번 G장조(No.3 G major)를 바탕으로 안무가 만들어졌다.

쥬떼(jeté)

'던진다'는 뜻. 드미 쁠리에(demi-plié)로 시작해서 한쪽 다리를 던지듯 그 방향으로 도약하고, 다시 그 발로 내리는 스텝을 말한다.

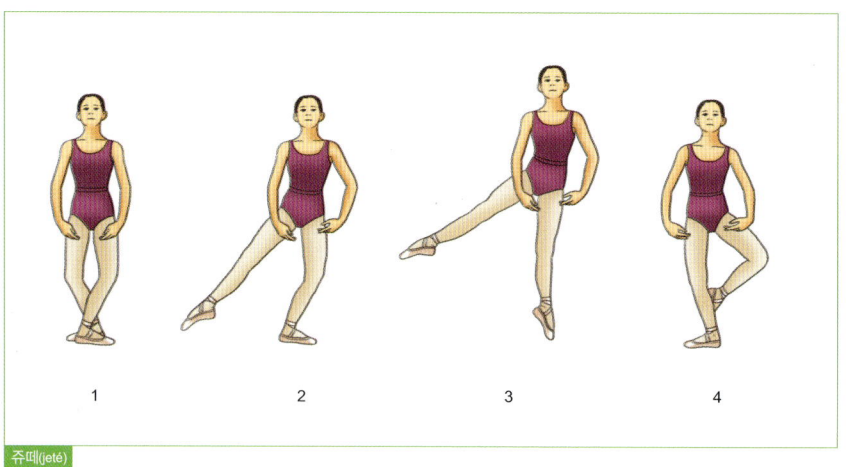

쥬떼(jeté)

쥬떼 드쑤(jeté dessous)

'아래로 던져진'이라는 뜻이다.

쥬떼 드쒸(jeté dessus)

'위로 던져진'이라는 뜻이다.

쥬떼 바또(jeté bateau)

도약해서 공중에 떠 있는 동안 양쪽 다리를 부딪치게 하는 쥬떼이다.

쥬떼 빠쎄(jeté passé)

쥬떼 빠쎄(jeté passé)

오른쪽 다리를 뒤에 두고 선 다음 도약하며, 오른쪽 다리로 착지하고 왼쪽 다리는 몸 뒤로 두기 위해 공중에서 양다리를 서로 지나가게 한다. 두 다리를 서로 지나가게 하기 전에 공중에서 양쪽 종아리를 비트할 수도 있다.

쥬떼 쒸르 레 뿌엥뜨(jeté sur les pointes)

양쪽 발을 드미 쁠리에(demi-plié)로 하고 한쪽 다리를 들어 뒤로 가져가면서 도약하듯 뿌엥뜨(pointe)로 섰다가 다시 드미 쁠리에가 된다.

쥬떼 알 라 꺄트리엠므(jeté à la quatrieme)

제4포지션으로 하는 것이다.

쥬떼 알 라 스꽁드(jeté à la seconde)

양쪽 다리를 드미 쁠리에(demi-plié)로 해서 한쪽 발로 마룻바닥을 옆으로 차는 듯 움직인다. 아울러 한쪽 다리로 펄쩍 뛰어올라 무릎을 굽혀 양쪽 발바닥을 붙였다가 마룻바닥을 찼던 발로 내려서는 쥬떼이다. 물론 도약하는 빠에 속한다.

쥬떼 앙 뚜르낭(jeté en tournant)

쥬떼를 하면서 회전하는 빠(pas). 도약과 회전을 겸했기 때문에 가장 화려하고 큰 스텝의 하나가 된다. 그러므로 프레빠라씨용(préparation)이 있은 뒤 드미 쁠리에(demi-plié)로 시작해서 발뒤꿈치로 마룻바닥을 구르는 듯 뛰어올라 한쪽 다리를 90° 각도로 앞으로 던지면 그 힘으로 앞으로 던진 다리가 포물선을 그리면서 아띠뜌드 크르아제(attitude croisé)로 착지한다.

쥬떼 훼르메(jeté fermé)

'닫쳐진 쥬떼'라는 뜻. 제5포지션으로 닫쳐진 상태로 끝나는 경우를 말한다.

지귀의 꿈

1974년 작. 이두현 대본, 이남수 음악에 임성남이 안무를 맡은 국립발레단 최초의 창작 발레 작품이다. 지귀(志鬼) 설화에 바탕을 두었으며, 3막 5장으로 구성되었다.

지젤(Giselle)

1841년 작. 19세기 프랑스의 낭만주의 시인인 테오필 고티에(Théophile Gautier)의 대본에 아돌프 아당(Adolphe Adam)의 음악, 그리고 장 코랄리(Jean Coraliil)와 쥘 페로(Jules Perrot)가 안무를 담당했다. 한 농가의 소녀 지젤과 백작인 알버트의 사랑을 그린 작품으로 이루지 못할 사랑의 아픔과 죽음마저 뛰어넘는 사랑의 영원성에 대해 노래하고 있다. 로맨틱발레의 대표작이며, 프랑스 파리오페라극장에서 초연되었다. 하지만 지금 우리가 보는 〈지젤〉은 1841년에 초연된 것이 아니라, 1860년 러시아에서 마리우스 쁘띠빠(Marius Petipa)가 새롭게 안무한 작품이다. 〈지젤〉에서는 특히 지젤 역을 맡은 무용수의 연기 변신에 주목할 필요가 있다.

ballet dictionary

발레 사전

ㅊ

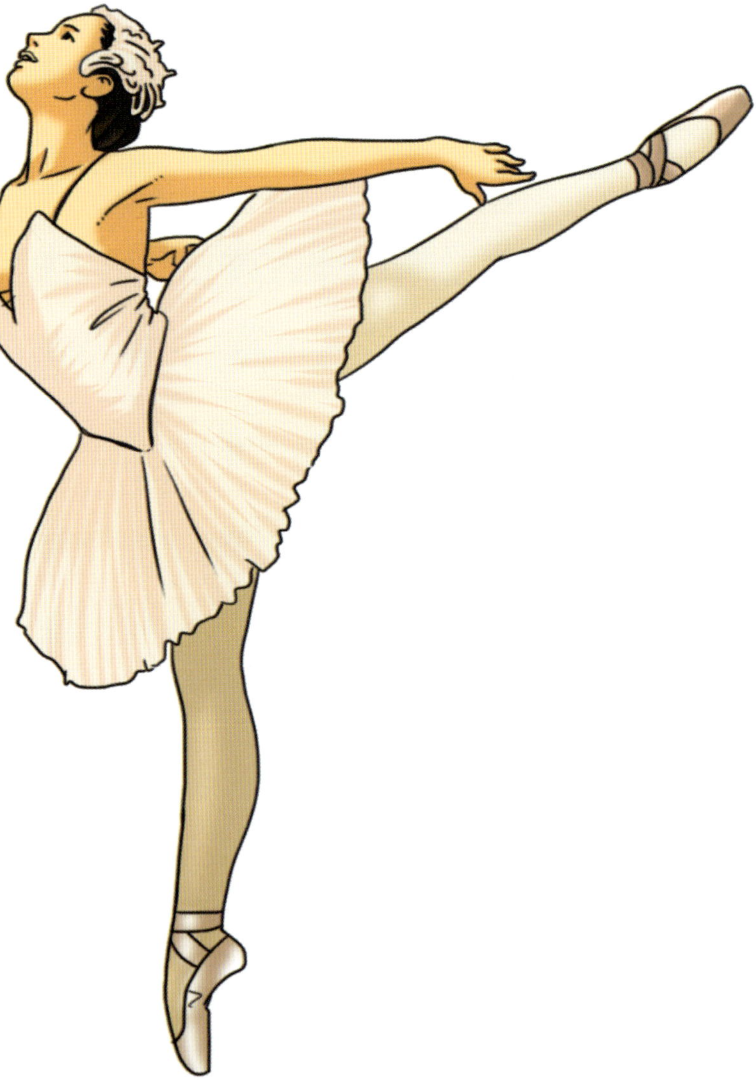

척추의 구조

척추에는 33개의 추골(vertebae)이라는 뼈가 있다. 천골(sacrum)은 추골 5개가 모여 한 개의 뼈를 이룬 것이다. 그리고 천골 아래에는 4개의 뼈로 이루어진 미골 또는 미저골이라고 불리는 부속 기관이 있다. 척추를 옆에서 보면 완만한 곡선을 이루고 있는데, 크게 4종류로 구분할 수 있다. 7개의 추골로 이루어진 경추와 12개의 추골로 이루어진 흉추, 5개의 추골로 이루어진 요추, 5개의 추골 융합으로 이루어진 천추가 그것이다. 그 밖에 5개의 추골 융합인 미추가 있다.

체중을 지탱하는 발

발의 경우 뒤꿈치, 엄지발가락, 새끼발가락 – 이 세 곳에 체중이 분담된다. 일반적으로 발의 앞쪽에 좀더 무게가 실리게 되는데, 턴 아웃이 확립되기 전 초보자에게 그런 경향이 강하다. 하지만 무용수는 연습을 통해 뒤꿈치에도 체중이 분산되도록 노력해야 한다. 이를테면 정면에서 봤을 때 무릎의 중심과 족관절 중심, 둘째발가락이 수직선상에 놓이도록 한다.

체중의 전이

발레 수업 시, 두 발에서 한쪽 발로 체중을 옮길 때는 약간 앞으로 향한 자세를 고수해야 한다. 아울러 동작하는 다리에 골반강(hip-socket)에서 움직일 때보다 더 큰 자유를 주기 위해서는 허리에서부터 앞으로 상체를 추어올려야 한다. 이렇게 하는 것은 어느 방향으로나 뿌엥뜨 땅뒤(pointes tendu)에서 다리를 아주 서서히 45°로, 데벨로뻬(développé)를 이용하기 전에 90°로 올리도록 배워야 하기 때문이다.

체케티 메소드(Cechetti method)

엔리코 체케티(Enrico Cechetti)는 이탈리아 출신의 무용수이자 매우 뛰어난 발레 교사였다. 흔히 이탈리아파 발레를 체케티파 또는 체케티 메소드라고 할 정도로 큰 영향을 끼쳤는데, 그 교수법은 화려한 동작에 빠른 템포로 구성되어 있는 것이 특징이다. 체케티 발레 교육의 유산은 오늘날에도 폭넓게 확산되어 성장하고 있다. 체케티는 무용수로 하여금 몸의 방향이 관객에게 미치는 영향을 자각하도록 8가지 포지션을 공식화해놓았다.

체케티 메소드(Cechetti method)

초기의 점프

연습 점프는 발레 수업에서 매우 흥미롭고 중요한 동작이다. 발레 수업 초기 남녀 모두 똑같은 점핑스텝(jumping step)을 배운다. 하지만 남성의 경우 신체적 성장에 따라 근육이 발달하면서 스텝이 좀더 복잡해진다. 반면 여성은 가볍고 섬세하며 우아한 동작이 강조된다. 음악에서 알레그로(allégro)는 '경쾌하고 활기 있게'라는 뜻인데, 이 표현이 바로 발레의 점프 동작을 묘사한 것이다. 초기 발레 수업은 쁘띠 알레그로(petit allégro)로 시작된다.

추상발레(abstract ballet)

무대 위에서의 새로운 것을 뜻함. 추상 미술의 유행을 보이려고 시도된 마씬느(Massine)의 오드(ode, 1928)와 관련되어 처음 언급된 용어이다. 추상발레에서는 무용수가 어떤 형태 안에 그림으로 등장하며 여기에는 성격, 분위기, 시간 혹은 공간이 없다. 애쉬튼(Ashton)의 발레의 장면(Scénes de Ballet, 1948)이 좋은 보기이다.

ballet dictionary

발레 사전

ㅋ

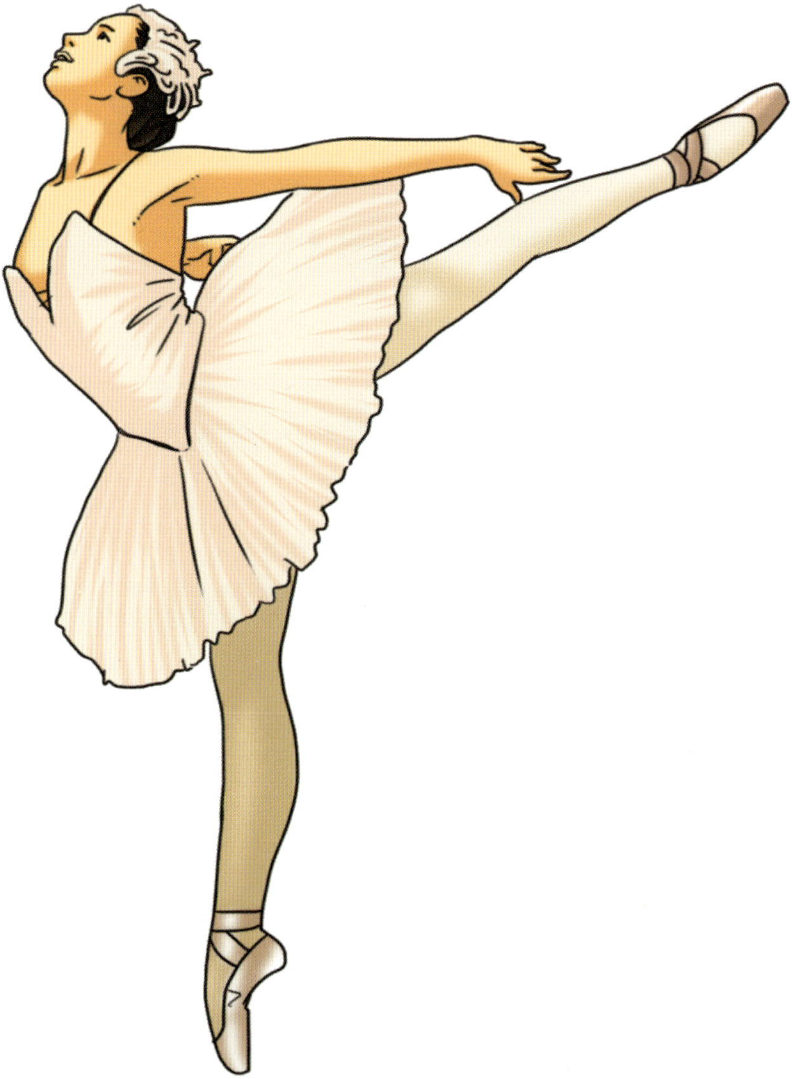

카피라이트(copyright)

'판권, 저작권'이라는 뜻. 무용 저작권은 처음 300여 년 동안 인정되지 않았다. 보편적으로 받아들여지는 표기 체계가 존재하지 않았던 것이다. 안무가가 자신의 작품에 대한 권리를 확립하게 된 것은 1937년 레오니드 마씬느(Léonide Massine)가 와실리 드 바질(Wassili de Basil)을 상대로 한 소송이 그 시작이었다.

캐릭터 댄싱(character dancing)

민속 무용의 색채와 동작 등을 상징하기 위한 민속춤의 형태이다.

캐릭터 슈즈(character shoes)

캐릭터 슈즈는 발레 슈즈와 달리 뒤축이 있고, 왼발 오른발에 맞도록 만들어지며 종종 발등 위에 끈이 있는 것도 있다.

캐릭터 댄싱(character dancing)

커리어그래퍼(choreographer)

'안무가'라는 뜻. 춤을 구상하기도 하고 공연을 열기도 하는 사람을 일컫는다. 18세기에 이 단어가 처음 생겼을 때는 무용 기보사를 의미했다. 그러다가 무용 기보법 기술이 쓸모없게 되자 안무가라는 뜻으로 정착되었다.

커리어그래피(choreography)

발레의 실제적인 스텝과 패턴들을 뜻한다.

커리얼러지(choreology)

표시법에 의해 기록된 발레 악보를 말한다.

컨템포러리 발레(contemporary ballet)

현대 발레. 고전적이라기보다는 자유로운 형태의 발레를 의미한다.

컴파운드 스텝(compound step)

'복합 스텝'이라는 뜻. 2개 또는 그 이상으로 구성된 스텝이 섞여 있어서 하나의 구별되는 독특한 동작을 창조해낸다. 자주 결합되는 연속적인 스텝들을 일컫는 경우도 있다.

코르 드 발레(corps de ballet)

발레단에서 솔로를 추지 않는 무용수들을 가리키는 명칭이다. 이를테면 〈백조의 호수〉에서 백조 무리를 연기한 무용수들이 해당된다.

코펠리아(Coppélia)

1870년 작. 들리브(Delibes)의 음악에 세인트 레온(Saint-Léon)이 안무를 담당한 3막 4장의 작품이다. 헝가리의 민속 무용 차르다시가 처음 작품에 쓰였는데, 이후 각국의 민속 무용이 발레에 도입되는 계기가 되었다. 프랑스 파리오페라극장에서 초연되었다.

콘서트(the Concert)

1956년 작. 프레데리크 쇼팽(Frédéric Chopin)의 음악에 제롬 로빈스(Jerome Robbins)가 안무를 담당했다. 코믹한 분위기의 작품으로, 미국 뉴욕시티센터에

코펠리아(Coppélia)

서 뉴욕시티발레단이 초연했다. '만인(萬人)의 위기'라는 부제가 붙어 있다.

크고 높은 점프

무용수가 그랑 알레그로(grand allégro) 같은 크고 높은 점프를 하려면 평소 간단한 점프를 통해 탄력 있고 단련된 근육을 형성해야 한다. 왜냐하면 크고 높은 점프는 매력적이지만 상당히 많은 에너지를 요구하며 시도하기 전에 충분한 준비와 연습을 필요로 하기 때문이다. 발레의 점프는 공중에서 특정한 자세를 유지해야 하며, 착지가 완전히 끝날 때까지 예술적인 동작을 지속해야 한다. 그런 어려움에도 불구하고 크고 높은 점프는 안무가들에게 다양한 가능성을 열어주며, 무용수들이 개성적인 형태와 느낌을 연출하게 하는 장점이 있다.

크르아제(croisé)

발과 발이 교차한다는 뜻이다. 앞에서 볼 때 다리가 X자로 교차되면서 몸의 방향을 약간 돌려준다.

크루아제 데리에르(croisé derrirére)

'뒤쪽에서 엇갈린다'는 뜻. 한쪽 발이 다른 쪽 발과 뒤쪽에서 교차한다.

크루아제 드방(croisé devant)

'앞쪽에서 엇갈린다'는 뜻. 한쪽 발이 다른 쪽 발과 앞쪽에서 교차한다.

클래식발레(classic ballet)

17세기 말~19세기 말에 행해진 발레이다. 그 시기는 궁정발레에서 극장발레로 옮겨가던 때였는데 〈잠자는 숲 속의 미녀〉, 〈호두까기 인형〉, 〈백조의 호수〉 등이 대표작이다. 오늘날에는 20세기 모던 발레에 대응하는 개념으로 쓰이기도 한다.

클래식발레의 마임(mime of classic ballet)

발레에서는 19세기 무렵 마임의 공식적인 언어들을 사용하기 시작했다. 오늘날의 공연에서 항상 보이지는 않지만, 예를 들어 〈백조의 호수〉 2막 모든 배역에서 25분 동안 10장면에 마임이 사용되었다. 왕자와 사냥꾼들, 백조의 여왕, 백조들의 춤, 그랑 빠 드 되(grand pas de deux), 작은 백조와 두 마리 백조들의 춤, 백조

크루아제(croisé)

크루아제 데리에르(croisé derrirére)

크로아제 드방(croisé devant) 1   크로아제 드방(croisé devant) 2

여왕의 솔로 등에서 춤과 마임이 어우러진 장면을 연출하고 있는 것이다.

클래식발레 테크닉(classic ballet technique)

클래식발레와 다른 무용 테크닉의 중요한 차이점은 턴 아웃(turn-out)이다. 턴 아웃 시 엉덩이 아래로 넓적다리, 무릎, 발목, 발 모두가 턴 아웃되어야 한다. 턴 아웃이 잘된 상태에서만 다리는 어떤 방향으로든지 높이 들어올릴 수 있으며, 우아한 선을 보여줄 수 있다.

키로프발레단(The Kirov-Mariinsky Ballet)

1738년에 창단된 러시아 발레단. 정식 명칭은 '러시아 국립아카데미 마린스키 극장 키로프오페라발레극장' 이며, 러시아 최고의 전통을 자랑한다. 마리우스 쁘띠빠(Marius Petipa) 등이 수석 안무가로 있었다.

ballet dictionary

발레 사전

ㅌ

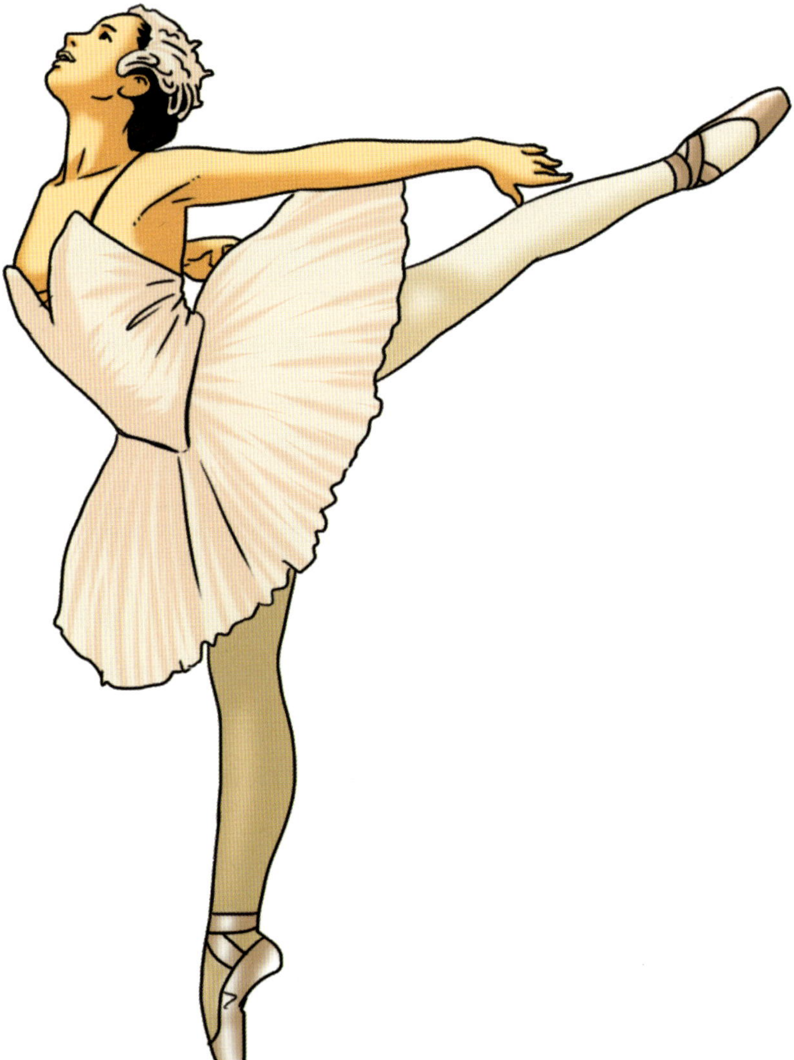

타이츠(tights)
하반신에 밀착되도록 만들어진 발레의 무용 스타킹. 프랑스에서는 마이조(mailot)라고 한다.

터치베쓰(Toushbase)
1992년 작. 푸기오에스(Pugioese)의 음악에 커닝햄(Cunningham)이 안무를 맡은 발레 작품이다.

터크트 언더(tucked under)
골반이 기울어지도록 무리한 힘이 가해져 엉덩이가 앞으로 밀린 잘못된 포지션을 말한다.

턴 아웃(turn-out)
고전발레의 스텝을 연출하기 위한 동작의 자유로움에 필수적인 것으로 발과 다리를 엉덩이 관절(hip joint)에서부터 바깥쪽으로 향하게 하는 방법을 말한다.

토댄스(toe dance)
여성 무용수가 토슈즈(toe shoes)를 신고 추는 춤을 말한다.

토슈즈(toe shoes)
새틴으로 만드는 발레용 신발을 일컫는다. 끈으로 발목을 감아 매도록 되어 있으며, 발끝으로 서는 것이 가능하다.

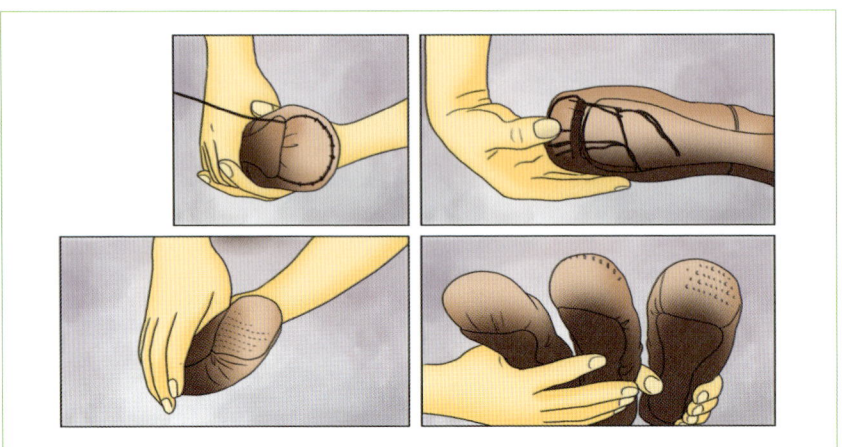

토슈즈(toe shoes) 수선 1

토슈즈(toe shoes) 보관

슈즈의 양쪽을 깔끔하게 접은 후 주위의 리본 같은 것들을 정리해서 끝에 끼워 넣는다. 슈즈는 가방에 보관하도록 한다.

토슈즈(toe shoes) 수선

리본을 붙일 때는 발꿈치 부분을 안쪽으로 기울이고 그 꺾은 위치의 양쪽에 리본을 꿰매 붙이며, 토슈즈는 그 끝을 꿰매면 오래 사용할 수 있다.

트랜스퍼 오브 웨이트(transfer of weight)

한쪽 발에서 다른 쪽 발로 스텝을 옮기는 것을 말한다.

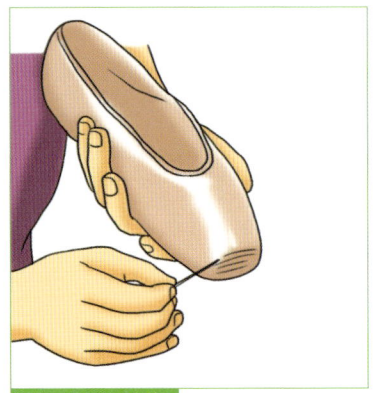

토슈즈(toe shoes) 수선 2

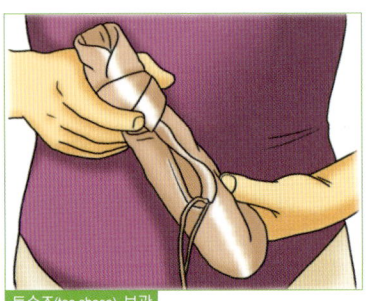

토슈즈(toe shoes) 보관

ballet dictionary

발레 사전

ㅍ

파고다의 왕자(The Prince of the Pagodas)

1957년 작. 브리튼(Britten)의 음악에 크랭코(Cranko)가 안무를 담당한 발레 작품. 중세 왕국의 황제와 두 딸에 관한 동화를 토대로 만들어졌다.

파리오페라극장(Paris Opéra)

1875년에 설립되었다. 설계자는 프랑스의 유명 건축가 샤를 가르니에(Charles Garnier). 그동안 수많은 오페라와 발레가 상연되었는데, 발레 작품 〈불새〉와 〈지젤〉, 〈코펠리아〉 등은 이곳에서 초연되었다.

파리오페라극장 발레단(Paris L' Opéra Ballet)

1671년 파리에서 설립된 프랑스 국립 발레단이다. 전 세계에서 최고(最古)의 역사를 자랑하는 발레단으로, 19세기 중반까지는 세계 발레의 중심 역할을 했다. 〈라 실피드(La sylphide)〉, 〈지젤(Giselle)〉, 〈코펠리아(Coppélia)〉 등의 명작이 탄생한 산실이기도 하다.

파키타(Paquita)

1881년 작. 루드비히 민쿠스(Ludwig Minkus)의 음악에 마리우스 쁘띠빠(Marius Petipa)가 안무를 담당한 발레 작품이다. 정열이 넘치는 경쾌한 분위기의 낭만적 발레 작품으로, 러시아 상트페테르부르크에서 러시아황실발레단이 초연했다.

파트너링(partnering)

한 무용수가 다른 무용수에 의해 상대가 되는 모든 동작을 말한다. 또한 2~3명 이상의 무용수들이 한 명의 여성 무용수를 들어 올리는 동작을 일컫는다. 더블 워크(double work)라는 용어를 쓰기도 한다.

파트너링(partnering) 1

파트너링(partnering) 2

팔과 손(arms and hands)

발레 역사 초기에는 팔이 단지 몸의 균형을 유지하는 데 이용되었다. 몸에 꼭 맞는 궁중 드레스 때문에 자유롭게 팔을 들어올리는 데도 제약이 있었던 탓이다. 그러나 점점 팔의 기초적인 동작과 포지션이 발과 다리처럼 체계화되기 시작했다. 물론 발과 다리처럼 엄격하지는 않았지만, 시작과 끝 지점이 정해지는 등 적지 않은 변화가 있었던 것이다.

파트너링(partnering) 3

팔과 손(arms and hands) 1

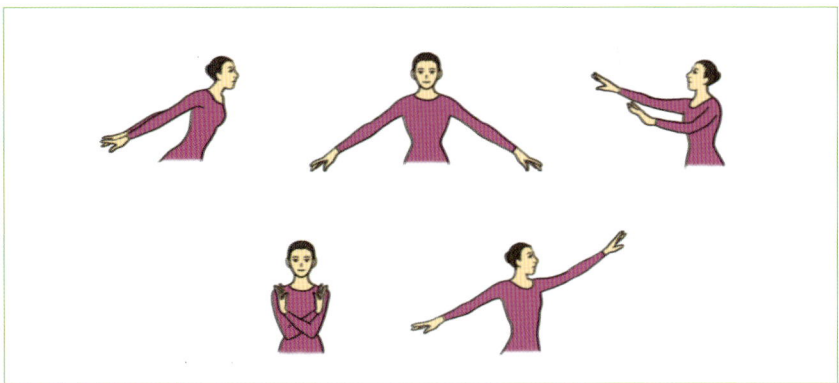
팔과 손(arms and hands) 2

팔과 손(arms and hands) 3

팬시프리(Fancy free)

1944년 작. 레너드 번스타인(Leonard Bernstein)의 음악에 로빈스(Robbins)가 안무를 담당한 발레 작품이다. 제2차 세계 대전 중 미국 뉴욕에서 휴가를 즐기던 3명의 선원들 이야기를 다루고 있다. 미국 뉴욕 메트로폴리탄 오페라하우스에서 초연되었다.

퍼레이드(Parade)

1917년 작. 장 콕토(Jean Cocteau) 대본, 에릭 사티(Erik Satie) 음악에 레오니드 마신(Leonide Massine)이 안무를 담당한 발레 작품이다. 특히 파블로 피카소(Pablo Picasso)가 큐비즘을 최초로 무대에 도입한 작품으로 유명하다. 프랑스 파리 샤틀레극장에서 발레뤼스발레단이 초연했다.

페트루슈카(Petrushka)

1911년 작. 스트라빈스키(Stravinsky)의 음악에 미하엘 포킨(Michel Fokine)이 안무를 담당한 발레 작품. 인형 극장의 주인이 갖고 있던 세 인형 페트루슈카, 발레리나, 무어가 생명을 얻어 벌어지는 이야기이다. 세르게이 디아길레프(Sergei Diaghilev)의 러시아발레단에 의해 파리 샤틀레극장에서 초연되었다.

펭귄 카페에서의 '조용한 삶'('Still Life' at the Penguin Café)

1988년에 제작된 발레 작품. 제프스(Jeffes)의 음악에 빈틀리(Bintly)가 안무를 담당했다. 영국 안무가 빈틀리의 작품들 중 대표적인 히트작이다.

포인트 슈즈(point shoes)

발레에서 여성 무용수들이 신는 특수한 신발을 말한다. 한국에서는 흔히 토슈

펭귄 카페에서의 '조용한 삶' ('Still Life' at the Penguin Café) 1   펭귄 카페에서의 '조용한 삶' ('Still Life' at the Penguin Café) 2

즈(toe shoes)라고 한다. 어린 초보자들에게 포인트 슈즈를 신고 쒸르 레 뿌엥뜨(sur les pointes)를 하게 하는 것은 의학적으로 바람직하지 않다.

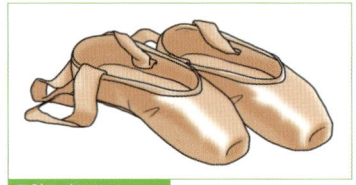

포인트 슈즈(point shoes)

포지션 오브 더 핸드(positions of the hand)

무용수가 손의 자세를 어떻게 취하는 것이 올바른가에 대해서는 몇 가지 견해가 있다. 대체로 과거에는 손바닥이 지면을 향하게 되는 아라베스끄 포지션만 제외하고는 모든 체계에서 손을 팔의 라인과 이어 약간 둥그렇게 쥐었다. 그러나 요즘은 아라베스끄 포지션을 모든 팔 동작에 확대시켜 적용하는 것이 유행인데, 팔꿈치가 떨어지도록 만든다는 점이 위험 요소이다.

포지션 오브 더 헤드(positions of the head)

무용수가 머리를 두는 데 있어 기본적인 변형을 알아두면 단조로운 연출을 피하는 데 도움이 된다. 예컨대 머리를 꼿꼿하게 세울 때는 대부분 위쪽에서 비치는 조명을 받기 위해 턱을 살짝 올리는 편이 바람직하다.

퐁뒤(fondu)

'가라앉다'라는 뜻. 중심을 둔 다리의 무릎을 구부림에 따라 몸이 낮아지는 모양을 묘사한 용어이다. 그런데 어떤 경우에는 움직이던 다리를 유연하고 부드럽게, 천천히 바닥에 내려놓아 동작을 끝마치는 스텝을 가리키는 용어로 사용된다. 예컨대 쥬떼 퐁뒤(Jeté fondu) 같은 것이 그것이다.

푸라뻬(frappé)

'치다' 라는 뜻. 바뜨망 푸라뻬(battement frappé)처럼 치는 자세이다.

푸에떼(fouetté)

'회초리로 때린다'는 뜻. 몸의 중심을 둔 다리를 다른 다리가 때리는 듯 빨리 움직이는 모습이다.

푸에떼 앙 뚜르낭(fouetté en tournant)

마치 팽이를 회초리로 때려서 돌리는 것처럼 몸의 중심을 잡은 다리를 앙 레르(en l'air)로 올렸던 다리로 앞뒤를 가볍게 치면서 회전한다. 〈백조의 호수〉 제3막에서 오딜이 보여주는 '32회의 푸에떼'는 전형적인 것이다. 삐루에뜨(pirouette)의 경우는 벌린 팔의 추진력으로 회전하는 데 비해, 푸에떼의 경우는 팔보다 올려진 다리를 크게 회전시켜서 몸의 중심을 돌리는 차이가 있다.

풀업(pull up)

몸을 길게 신장시킴으로써 무게중심의 위치를 높이고 보다 민첩하게 움직일 수 있는 상태를 의미한다.

프랑스(France)의 발레

발레의 전통에서 17~18세기 프랑스인들은 정교한 발놀림과 우아한 팔 동작에 집중했다. 그리하여 발레를 단순한 스텝의 혼합이라는 위치에서 과학적인 테크닉의 차원으로 끌어올렸던 것이다. 그런 까닭에 오늘날 프랑스어는 발레를 설명하는 주요 언어로 대접받는다. 1730년 프랑스 무용가 마리 까마르고(Marie Camargo)는 발뒤꿈치가 없는 슈즈와 정강이 바로 아래 길이로 짧아진 스커트를 입고 공연에 등장했는데, 그 목적은 발레 테크닉이 현저하게 발전하고 있음을 드러내 보이기 위해서였다. 그리고 1760년경에는 장 조르주 노베르(Jean-Georges Noverre)가 이미 고유한 관습이 세워진 프랑스파 기법 중 일부를 개선하기를 바랐다. 전체적으로 프랑스 발레는 궁정무용의 전통을 오랫동안 간직한 까닭에 우아하고 부드러운 특색이 있다. 특히 손끝의 부드러움이 강조된다.

프랭키와 조니(Frankie and Johnny)

1938년 작. 제롬 모로스(Jerome Moross)의 음악에 루스 페이지(Ruth Page)와 벤틀리 스톤(Bentley stone)이 안무를 담당했다. 내용 속에 매춘부와 살인 등을 다뤄 큰 화제를 불러일으켰으며, 미국 시카고에서 페이지-스톤발레단이 초연했다.

프로시니엄 스테이지(proscenium stage)

사진틀처럼 프로시니엄 아치로 무대와 객석을 확연하게 구분한 무대 형식을 일컫는다. 17세기에 처음 출현했으며, 오늘날 대부분의 극장에서 채택하고 있다.

아치에 부착한 커튼을 내림으로써 관객들의 시선을 피해 충분한 무대장치를 할 수 있다.

프롬프트 사이드(Prompt side, P.S)

순수 연극에서 기원한 용어. 프롬프트는 대사를 잊어버린 배우들에게 그것을 일러주는 일로, 프롬프트 사이드는 프롬프트가 있는 쪽을 말한다. 그와 달리 프롬프트 반대편을 의미하는 용어는 'O.P(opposite prompt)' 이다.

프레빠라씨용(préparation)

무용수가 회전이나 점프를 하기 전에 준비하는 예비 동작을 말한다.

프로페쐬르(professeur)

훈련만을 담당하는 무용 교사를 말한다.

프르미에르 까드리으(premiére quadrille)

발레단의 직제(職制) 중에서 군무(群舞) 팀에 속하는 제1그룹이다.

프르미에르 당쐬르(premiére danseur)

발레단의 지위 중에서 남성으로서는 가장 높은 위치에 있는 남성 제1무용수를 일컫는다.

프르미에르 당쐬즈(premiére danseuse)

발레단의 지위 중에서 여성으로서는 가장 높은 위치에 있는 여성 제1무용수를 일컫는다.

프르미에르 에뚜알르 당쐬즈(premiére étoile danseuse)
최고의 여성 스타 무용수를 말한다.

프리마 발레리나(prima-ballerina)
오페라의 프리마돈나(prima-donna)에 해당하는 말. 기교와 아울러 품위에 있어서도 최고로 탁월한 에뚜알르(étoile)에게만 주어지는 이름이다.

프린시플(principal)
발레단의 수석 무용수를 일컫는다.

플로어 패턴(floor pattern)
무용수가 솔로 또는 그룹으로 무대 위에서 움직이며 만들어내는 형태를 일컫는다. 대부분의 발레극에서 플로어 패턴은 오직 위에서 조감할 경우에만 완전히 감상될 수 있다.

플레쉬르(flechir)
'구부린다'는 뜻이다.

플레이스멘트(placement)
신체 각 부위의 정돈과 체중을 양발에 분배하는 것을 말한다. 정확한 플레이스멘트는 모든 동작을 성공적으로 실시하는 데 필수적이다.

플렉시드(flexed)
발뒤꿈치를 바닥에 붙이고 발바닥이 수직에서 1/4 정도 마룻바닥으로부터 떠 있는 상태를 말한다.

피규랑(figurant)

단역급 무용수를 말한다.

피규르(fiqure)

자세, 외모 들을 가리키는 말이다.

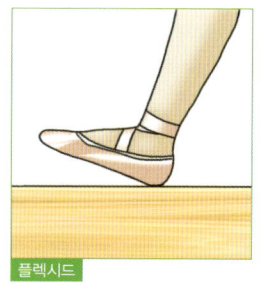
플렉시드

ballet dictionary

발레 사전

ㅎ

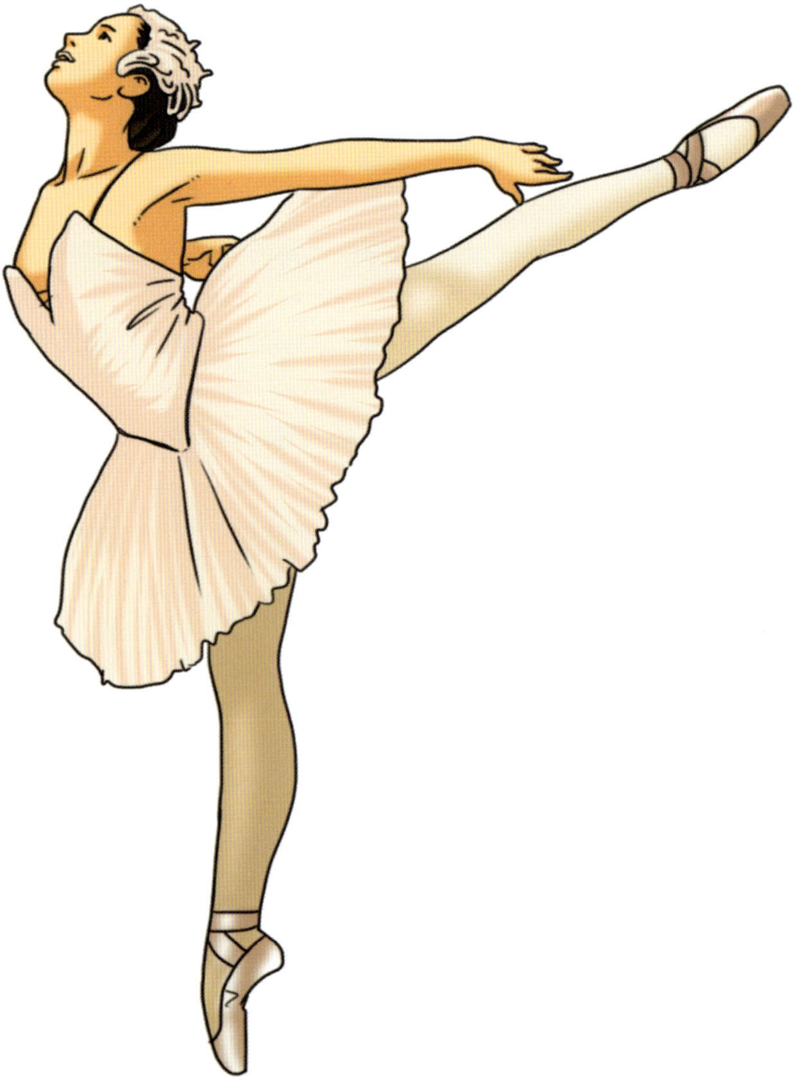

하우스파티(House Party)

브로니슬라바 니진스카(Bronislava Nijinska)가 안무한 1924년의 발레 작품 〈암사슴〉을 일컫는 다른 명칭이다. 모나코 몬테카를로 오페라극장에서 세르게이 디아길레프(Sergei Diaghilev)가 이끄는 발레뤼스가 초연했다.

한국발레협회(The Korea Ballet Association)

한국 발레 예술의 발전과 대중화, 국제화를 목적으로 1980년 설립된 단체이다. 서울발레콩쿠르와 발레 페스티벌 등을 개최하고 있다.

할렘무용단(Dance Thearte of Harlem)

흑인으로 구성된 최초의 현대 무용단으로 그림은 발레 메디아의 한 장면이다.

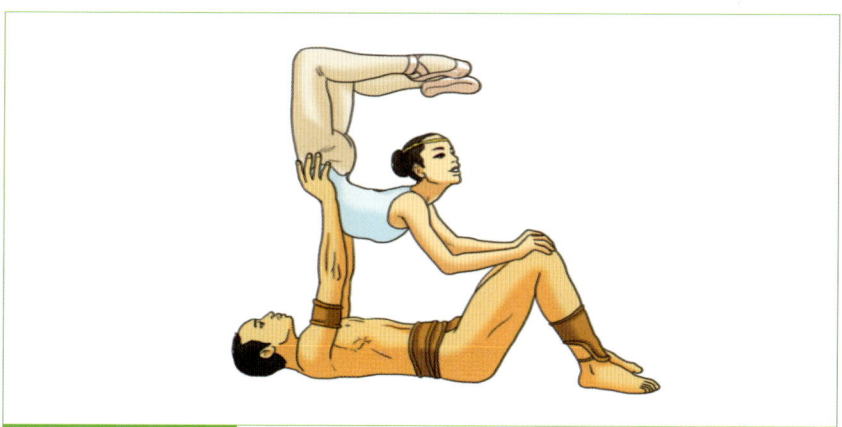

할렘무용단(Dance Thearte of Harlem)

해적(Le Corsaire)

1856년 작. 아돌프 아담(Adolph Adam)과 세자르 푸니(Cesare Puni)의 음악에 조셉 마질리어(Joseph Mazilier)가 안무를 담당한 작품이다. 노예로 팔려가는 그리스 소녀에 관한 바이런(Byron)의 시 〈해적(The Corsair)〉에 기초하여 만들어졌다. 프랑스 파리오페라극장에서 초연된 3막 발레이다.

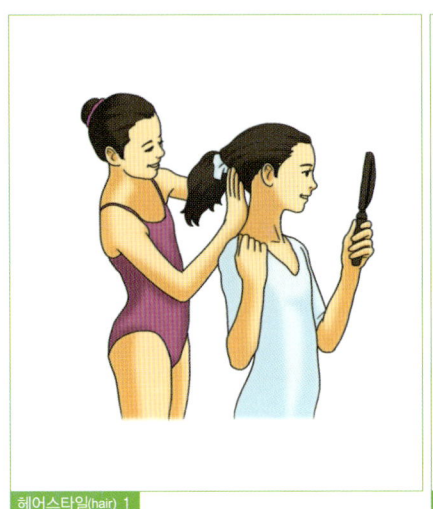

헤어스타일(hair) 1

헤어스타일(hair) 2

헤어스타일(hair style)

무용수의 아름다운 머리 모양은 선의 우아함과 바람직한 모양새를 만들어 준다. 이를테면 잘 정돈된 머리 모양은 팔과 다리의 동작처럼 균형 잡힌 인상을 주는 것이다. 짧은 머리를 그물망으로 고정시켜 흔들리지 않도록 하거나, 빵 모양으로 머리를 묶거나, 앞머리를 엇갈리게 땋아 맨다면 다양한 동작을 하면서 머리를 좀더 자연스럽게 움직일 수 있다. 헤어밴드를 하는 것도 괜찮은 방법인데, 머리카락이 흐트러지지 않아 매끈하고 산뜻한 머리 모양을 유지할 수 있다. 남자 무용수들도 가끔 머리를 고정시켜주는 스위트 밴드(sweet band)를 착용하는 경우가 있다.

호두까기 인형(The Nutcracker)

1892년 작. 차이코프스키(Tchaikovsky)의 음악에 레프 이바노프(Lev Ivanov)가 안무를 담당했다. 소녀 클라라가 크리스마스 저녁에 호두까기 인형을 선물로 받는데, 그 인형이 꿈속에서 쥐들을 물리치고 멋진 왕자로 변신하여 클라라를 과자의 나라로 안내한다는 내용이다. 러시아 상트페테르부르크에서 초연됐고, 우리나라에서는 1948년 서울발레단이 처음 연기했다.

호흡을 관장하는 근육

호흡을 할 때 사용하는 중요한 근육은 횡격막(diaphragm)이다. 횡격막은 버섯 모양의 커다란 근육으로 복강과 흉강 사이에 위치하고 있다. 여기서 복강은 횡격막 아랫부분에 있는 소화기관과 생식기관이 들어 있는 공간이고, 흉강은 흉곽의 안쪽 공간을 말한다. 횡격막은 숨을 들이마시면 내려가고 내쉬면 올라가는데, 이와 같은 움직임이 계속 반복된다.

호흡 연습을 위한 준비

우선 손바닥을 가슴 양 옆 흉골 밑에 대고 똑바로 선다. 그 다음 숨을 조금 쉬고, 보다 많이 쉬고, 크게 심호흡을 함에 따라 손가락이 얼마나 멀리 떨어져서 가슴 옆에 붙어 있을 수 있는지 살핀다. 또한 한 손은 복벽을 누름으로써(이 손은 움직이지 않음) 다른 손은 가볍게 횡격막에 유지되도록 한다. 의식적으로 횡격막을 이용해 숨을 들이쉼으로써 횡격막이 밖으로 부풀게 하고 숨을 내쉼으로써 안으로 내려지게 한다.

홀 풋(whole foot)

마룻바닥에서 지탱하는 다리의 발바닥 전체를 이용해 서는 것을 말한다.

화이어(failli)

아띠뜌드(attitude)나 아라베스끄(arabesque)에서 뒷다리를 뒤로 올릴 때 주로 사용되는 용어이다. 뒷발이 앞쪽으로 미끄러지기 전에 다른 쪽 발목 위에 얹힌다면 그 스텝은 대개 씨쏜느 생쁠르 빠쎄(sissonne simple passé)라고 불린다. 때때로 씨쏜느에 비트가 추가되는 경우에만 화이어란 용어가 쓰이기도 한다.

환상 가게(La Boutique Fantasque)

1919년 작. 자코모 로시니(Giacomo Rossini)의 음악에 레오니드 마씬느(Léonide Massine)가 안무를 담당했다. 인형을 소재로 한 작품으로, 세르게이 디아길레프(Sergei Diaghilev)가 러시아발레단이 영국 런던 알함브라극장에서 초연했다.

회전의 원리

삐루에뜨(pirouette)의 원리는 다음의 여섯 가지로 구분할 수 있다. 첫째, 양발로 삐루에뜨를 할 때, 필요한 토크(torgue, 회전력)를 만들어내기 위해 양발에 똑같은 압력을 준다. 둘째, 준비 자세가 제4포지션일 때 무게중심은 턴을 할 적에 지지하게 되는 다리 위에 놓인다. 셋째, 삐루에뜨가 양발로 끝날 때(제4포지션 또는 제5포지션) 움직이는 다리의 경우 앙 드당(en dedans)을 할 때는 앞쪽에 놓고 앙 드오르(en dehors) 하기 위해서는 뒤쪽에 둔다. 그러나 이것은 이론적인 규칙이고, 움직이는 다리를 어느 위치에서 마무리하는가는 안무가가 자유롭게 선택할 수 있다. 넷째, 힘을 주는 팔은 회전 방향 쪽에 있는 팔이다. 즉, 오른쪽으로 돌기 위해서는 오른팔에 힘을 준다는 뜻이다. 다섯째, 동작하는 다리는 도약하는 즉시 그 자세를 취해야 한다. 여섯째, 회전을 시작해 다시 앞쪽까지 오는 동안 몸의 동작을 미리 예측하면서 턴을 하고 머리는 뒤에 둔다. 시선은 한 지점을 응시했다가 회전 후 다시 그 자리로 돌아온다.

ㅎ

훼르 레 띠루아르(faire les tieoirs)

'장롱의 서랍'이라는 뜻. 무용수들이 반대편에 서서 서로 엇갈려갔다가 다시 제자리로 돌아오는 동작을 말한다.

훼르메(fermé)

'닫다'라는 뜻. 두 발이 닫쳐진 자세를 말한다.

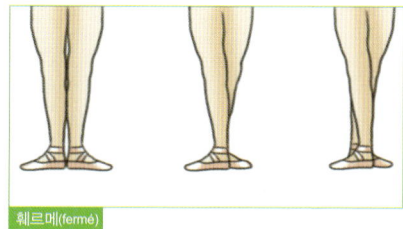
훼르메(fermé)